教师教学基本能力解读与训练
中学数学

主 编：白雪峰

北京理工大学出版社
BEIJING INSTITUTE OF TECHNOLOGY PRESS

图书在版编目（CIP）数据

教师教学基本能力解读与训练 . 中学数学 / 白雪峰主编 . —北京：北京理工大学出版社 , 2017.9

ISBN 978-7-5682-4265-3

Ⅰ . ①教⋯　Ⅱ . ①白⋯　Ⅲ . ①中学数学课－教学法－中学教师－师资培训－教材　Ⅳ . ① G633

中国版本图书馆 CIP 数据核字（2017）第 149509 号

出版发行／北京理工大学出版社有限责任公司

社　　址／北京市海淀区中关村南大街 5 号

邮　　编／100081

电　　话／（010）68914775（总编室）

　　　　　（010）82562903（教材售后服务热线）

　　　　　（010）68948351（其他图书服务热线）

网　　址／http：//www.bitpress.com.cn

经　　销／全国各地新华书店

印　　刷／定州市新华印刷有限公司

开　　本／787 毫米 ×1092 毫米　1/16

印　　张／11.5

字　　数／252 千字

版　　次／2017 年 9 月第 1 版　2017 年 9 月第 1 次印刷

定　　价／47.00 元

责任编辑／李慧智

文案编辑／孟祥雪

责任校对／周瑞红

责任印制／边心超

前　言

教育大计，教师为本。习近平总书记指出：一个人遇到好老师是人生的幸运，一个学校拥有好老师是学校的光荣，一个民族源源不断涌现出一批又一批好老师则是民族的希望。可以说，有好的老师，就会有好的教育。

在"十二五"期间，针对教师教学能力现状，结合教师专业发展阶段的规律和特点，基于《教师教学基本能力检核标准》（以下简称《标准》）和《标准》解读，遴选了最为重要的 10 个能力要点，研发了中（职高）小学和一整套训练内容和方法，开发了《教师教学基本能力解读与训练》（共 23 个学科分册）学科教师培训教材。依据智慧技能的形成特点，通过"测、讲、摩、练、评"五个环节开展了基于实践、问题的教师培训，培训教师近 2 万人次。

在培训实施过程中，针对各学科教龄 10 年以下的青年教师和 10 年以上的成熟教师，遴选其中 4 ~ 6 个能力要点，分层开展学科教师培训，在培训目标、培训内容、培训形式以及考核要求等方面都做了针对性的细化处理。在《标准》解读、案例研讨、在线交流和考核测试的基础上，开展了基于能力要点的课堂教学实践与改进。不同类型的培训实践不仅检验了基于教师教学能力标准的培训课程的培训效果，同时也促进了教师教学能力的精进与提升。

基于《标准》的教师培训，突出了"培训课程标准化"的培训资源建设观。通过率先在全国研制、实践并推广系列《标准》，满足并引领了培训课程建设的品质需求，改进和完善了教师发展支持体系，推进了培训工作制度化、规范化，基本破解了分层、分类、分岗开展培训的难题，增强了教师参训的针对性、实效性和获得感，切实提升了教师培训的专业性，受到了区内外使用该培训教材教师的一致好评。

为了进一步发挥《标准》的指导作用，推进教师教学能力的持续提升，基于原有教材的开发和实施经验，每个学科结合现阶段本学科特点和教师专业发展需求，另外遴选了 8 ~ 10 个能力要点，开发了"十三五"中小学教师培训教材《教师教学基本能力解读与训练》（共 24 个学科分册）。在教材编写过程中，我们努力将《标准》揭示的一般规律、共性问题迁移融通于各学科，且通过案例凸显各学科教学能力的基本特征，还将关键的结果指标与各学科教学实践中的实际问题进行对接，以期深化教师对《标准》的理解，明确教学实践改进的方向和路径，提升自身的实践智慧。

当前，我国基础教育正处在深化综合改革的关键时期，各学科核心素养的提出，进一步明确了学科的育人价值，为学科育人提供了指南。为此，在教材开发过程中，各位编委对本学科的学科核心素养也给予了充分关注，在《标准》的解读中、案例的分析中、训练的任务中，对此都有不同程度的涉及与体现，为实现学科育人理念、发展学生的学科素养探索了具体的路径。

每一册教材的编写团队中都聚集了一批一线的骨干教师，他们边学习《标准》，边践行《标准》，并结合学科教学实践进行反思形成了鲜活的案例。可以说，他们是《标准》的首批实践者，也是培训资源的开发者，正是由于他们的深度参与，才使这套教材真正落实了"基于实践""基于问题"的价值追求，大大提高了教材的实践价值。

由于"教师专业标准"还是一个尚待完善改进的领域，同时我们自身的水平和经验也有限，尤其是践行《标准》的有效实践还需要进一步加强，教材中必然存在着不甚妥当或值得深入探讨之处，诚挚期望得到专家和同行们的指正。

我们期待本套教材能在广大中小学教师教学能力的提升中发挥重要的作用，并在应用中不断完善。我们更期待，广大教师立足课堂教学实践，不断深度学习反思，持续提升教学能力，做学生锤炼品格、学习知识、创新思维和奉献祖国的引路人。

致 学 习 者

学习，是人一生发展过程中的一个重要组成部分。随着个体踏出校门、进入职场学习并未停止，而是开启了一个崭新的学习征程。可以说，通过工作生活进行学习，寓工作于学习、寓学习于工作是成年人每天思想和行动的必然产物。

成人学习是基于个体经验和汇集个人经验的学习，需要学习者主动参与到课程内容中；教师的学习是懂教育的人的学习，需要学习者驾驭学习方法，达到比较高的学习境界。

依据智慧技能的形成过程，我们将学科教师培训分成"测、讲、摩、练、评"五个环节，通过完成智慧技能原型定向阶段与原型操作阶段的任务，强化各学科教师基于课堂教学研究的实践与反思，促进教师从原型定向阶段向原型内化阶段迈进。下面，我们就从上述五个环节分别为您的学习提出相应建议，以帮助您快速驾驭学习内容。

☆ 测——前测。在每个专题培训的第一步，我们将和您一起找到您在该教学能力存在的问题，判断该能力所处的状态，以开始学习。这其中，有对一些教学事件的认同，有对问题的分析和判断，也有一些测试，目的就是一个：帮您找准自己学习的起点。

☆ 讲——讲解。我们将基于具体的教学案例，围绕该项能力的一些表现行为进行理性分析，阐述行为产生的原因和导致的结果，阐释所表征的能力取向和能力发展层次。这些分析将使您对该项能力的含义获得更为深入的理解，对形成能力的合理行为有较高的期待。如果您实践跟进得快，边学习边实践，在这一阶段就能够获得提高。

☆ 摩——观摩。在学习中会提供一些案例进行观摩，有些拿来就可以使用，但一定不要满足于拿来就用，更多的内容需要您边观摩边分析，在其背后寻找为什么，这样您获得的将不仅是一招一式，而是新的专业发展点和教育实践智慧的增长点。

☆ 练——训练。方法技能的掌握和提升一定要通过训练才能实现。一方面，我们将在培训中安排模拟微型课堂进行教学技能的分解训练；另一方面，我们也有实践模拟训练。然而，训练时间是有限的，期望您从培训第一天开始，就将自己一线的课堂作为实训基地，不断尝试，不断分析尝试后的效果，不断提出改进方案，并开展新的尝试。同时，同伴老师可以帮助您进行观察和改进。

☆ 评——评价。包括自评、互评等。训练是否有效需要进行针对性评价，发现自己的进步，明确现存的问题，清晰新的学习起点，这样才能开始新的一轮学习、反思和改进活动。当然，您会在这样的反复中获得自我提升的方法。您将学会主动的发现问题，通过自主学习过程解决问题。这一系列解决问题能力的提升才是培训的最终目的。

本教材提供的观摩案例，给您留下了很多思考的空间，也提供了很多训练方法的指导、训练内容的点拨，愿它伴随您这一段时间的学习，成为您的良师益友。

亲爱的教师朋友们，我们正处在一个学习的时代，一个"互联网+"的时代。我们的职业又是一个特别需要终身学习的职业。让我们勇于面对新的挑战，不断基于实践提出新的学习任务，在战胜挑战后，我们还迎接更新一轮的挑战，而唯有学习才是应对各种挑战的制胜法宝。

这就是教师的职业。

CONTENTS

专题一　科学确定教学内容

学习目标

　　1. 能够陈述科学教学内容的三个等级要求，并能够举例说明科学确定教学内容的含义.

　　2. 能够根据所给教材，按照课标要求，结合学情确定教学重、难点.

　　3. 能够说出科学教学内容的教学策略，并运用这些策略进行教学设计.

品读

　　某公司开业三年就在同行领域内成为佼佼者，记者对其调查发现：该公司的各级主管定期收到一份"工作清单"，清单上明确写着近期的工作职责和具体的工作任务，并要求填写完成任务的情况，包括时间、进程、效果等，主管则负责给自己所负责的部门人员下达类似的"工作清单"，以此类推. 每个人都很清楚自己的职责，并努力完成，因此工作效率非常高.

　　教学亦是如此."教什么"是首要问题，这一问题解决不好，课堂教学就是无米之炊，无论你的教学方法多么好，结果都是"竹篮打水一场空"，不仅浪费学生宝贵的时间和精力，而且会消减学生学习的兴趣和热情. 大量的教学实践中，不乏由于教学内容设计不科学造成的"低效课""乏味课". 只有教货真价实的数学知识，教知识蕴含的思维过程和数学思想方法，改进教学方式才有意义，教学质量的提高才能有前提和保证.

　　教学内容是课堂教学最根本、最主要的组成部分，是完成教学任务、实现教学目标的主要依附体. 教学内容不同于静态的课程内容和教材内容，是教学过程中教师和学生双方活动中指向的对象，是教学实践层面的概念. 教学内容虽然立足于教材，但由于教师和学生的介入，变成了一个与教学情境有关的动态、开放的系统. 研究教学内容设计，就是深入研究教学内容的生成以及生成的原则，同时设计教学内容的呈现方式，以取得最好的教学效果.

一、热身活动

　　科学确定教学内容是我们课堂教学有的放矢的前提，关系着整个课堂教学的方向，关系着教学过程的成败，也决定着教师对教学方法的运用、教学资源的利用；否则，就像海洋中迷航的轮船，偏离了自己的航线，甚至会背道而驰.

活动1：问题驱动，讨论交流

在某次高中教师(共843人)的调查中，有这样一个问题："'函数'概念的教学重点是什么？图1-1表示函数吗?"其中，有769名教师(91.22％)把求函数的定义域、值域(而不是理解定义域、值域的意义)列入函数概念教学的重点；有725名教师(86％)没有把让学生明确"函数是描述变化规律的一种数学模型"作为重点；有751名教师(89％)认为图1-1不能表示函数，原因是"其中的对应关系不确定".

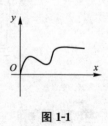

图1-1

思考：

如果不能准确把握教学内容的重、难点，会对教学过程、学生的学习造成怎样的影响？

活动2：畅所欲言，提升认识

学生在初中已经历过统计学习的完整过程，在高中阶段还将进一步学习统计知识，您认为初中和高中的统计教学区别在哪里？高中阶段统计学习的重点和难点是什么？如果请您设计高中阶段"统计"的章起始课，您将如何联系初中的学习经验？如何安排教学内容？请与您的小组成员共同探讨.

显然在活动1提到的调查中，大部分教师对函数概念的理解和把握还有待提高. 在教师培训、听课、教学研讨活动中我们看到，加深对数学内容的理解，可以帮助教师进一步合理、科学安排教学内容. 比如：

"准"——围绕数学核心概念进行教学，以前后一致、贯穿始终的数学思想主线贯穿课堂.

"精"——可以避免事无巨细、眉毛胡子一把抓，让学生在知识的核心进行活动、训练，节约学生大量时间、精力以达到对知识的实质性理解.

"注"——关注概念教学，给学生提供经历知识发生发展过程的机会，给学生提供独立思考而概括出概念和原理的机会.

"重"——重视章引言，重视每章的总结与梳理，带领学生从整体上把握学习内容.

如此，可以在一定程度上避免：数学教学缺乏必要的根基，教学内容安排不合理，学生对数学概念的理解不到位；教学活动不得要领，在一些无关大局的细枝末节上耗费学生的时间；盲目、机械的训练导致学生的数学学习兴趣降低；数学课堂中效益、质量"双低下"等教学现象的出现.

▌编者的话 ▌

作为一线教师，确定教学内容是每天备课都要做的事情. 我们应坚持问自己如下问题：

数学知识"体系"的含义是什么？给出数学定义之前，为什么总是要给一些具体实例？为什么要对数学对象进行分类？分类的标准从哪里来？什么叫性质？如何才能更好地让学生学会发现性质？等等.

合理、科学的教学内容不仅要讲具体的知识，更要讲知识中蕴含的"理". 只有把这个"理"讲清楚，才能在教学过程中游刃有余地培养学生的空间观念、运算能力、思维能力（特别是逻辑思维），培育学生的理性精神，使学生掌握认识和解决大自然中各种问题的工具，这也正是数学内在力量之所在.

二、标准解读

教学内容是指为实现教学目标而要求学生系统学习的知识、技能和行为经验的总和. 科学确定教学内容，就是要对本堂课将要教授的数学概念、原理等的本质及其深层结构、知识体系进行深入分析，并在此基础上选择相关的典型素材，根据学生的学习需要和知识之间的逻辑关系组织教材，并将学过的知识自然地融入新情境，达到以旧引新、以新强旧的效果. 同时，还要围绕数学知识的本质及逻辑关系，有计划地设置问题系列和变式训练，使学生得到有效的数学思维训练.

《标准》对"科学确定教学内容"做了界定，如表 1-1 所示.

表 1-1

关键 表现领域	能力要点	合格	良好	优秀
教学背景 分析能力	科学确定 教学内容	能够根据课标要求和教材内容，确定教学重点与难点	能够根据课标要求、教材内容和学生的学习基础，确定教学重点与难点	能够根据课标要求、教材内容和学生的学习基础，整合教学内容

（一）要点注释

1. 对合格水平的要求

合格：能够根据课标要求和教材内容，确定教学重点与难点.

本层级对教师的要求就是能够准确表述国家课程标准中对该教材的学习内容和学习要求，并能够以此为依据，制订教学计划，确定每一个单元或课时教学的重点、难点，设计好课时方案.

（1）课标要求. 课程标准反映了国家对学生学习结果统一的基本要求，是对学生在校期间应达到的知识与技能、过程与方法、情感态度价值观的阐述. 课程标准是教学实施的根本依据. 数学课程标准明确规定了每一章中具体内容的要求. 教师应认真研读课标要求，以此为依据设计教学内容、安排教学计划.

根据课标要求，数学教育的根本目标是：让学生掌握数学研究的基本方法，对学生进行一以贯之的逻辑思维训练，使学生学会数学式的思考，培养学生发现和提出问题、分析和解决问题的能力，成为善于认识和解决问题的人才. 这些目标与学生的长期利益直接相关．教学内容的确定不仅要依从课标，也要为达成教育的根本目标服务．

（2）教材内容．教材是课程的主体，是体现课程理念和落实课程内容的物化形态．教材编写的依据是课程标准，反映、体现并落实课程的基本理念，全面、系统地回应课程内容．教材是学生获得知识信息的重要源泉之一．即选择教学内容时不能偏离教材，教材是确定教学内容的重要依据．确定教学内容时应抓住下面三个"把握"：

①把握教材的来龙去脉，特别是数学概念、原理的发生和发展过程．这里不仅要准确把握数学新授概念的内涵、外延，而且要了解数学概念的背景，把握概念的逻辑意义，理解内容所反映的思想方法，挖掘知识所蕴含的科学方法、理性思维过程和价值观资源，区分核心知识和非核心知识等，从而准确把握数学教学内容的地位和作用．

例如：数系的扩充体现了数学的发现和创造过程，体现了数学发生发展的客观需求和背景，体现了人类理性思维的强大力量．数系扩充的原则——使在原来范围内成立的规律在更大范围内仍然成立，是数学中遵循"逻辑的连贯性和思想方法的一致性"的典范．非常幸运，数系的每一次扩充，不仅保持了数学内部的和谐性，实现了数学的继承、发展和创新的完美统一，而且完全满足了用数及其运算来刻画现实世界规律性的客观需要．因此，复数的教学，基本而重要的是在问题情境中，使学生再次经历数系扩充的过程，在知识的学习中体会人类理性思维的作用．具体而言，要为学生构建一个研究复数的整体思路，使学生形成研究复数问题的基本框架：

复数的背景——为了使负数能开方，从而使任意多项式方程都能解．

复数的定义——引入一个新符号 i（虚数单位），其意义是 $i^2=-1$.

复数的表示——代数表示、几何表示．

复数的有关概念——实部、虚部，模，相等，共轭复数等．

复数的分类——实数作为复数的一部分．

复数的运算——加、减、乘、除、乘方、开方及其几何意义．

复数的联系——与向量、三角函数等的联系（"复数就是向量"，复数的三角表示，向量的旋转、伸缩与复数乘法等）.

上述过程体现了数学发生和发展的一个"基本套路"，具有普遍意义．显然，如果每面对一个数学新对象，教师都能引导学生按"背景—定义—表示—分类—（代数）运算、（几何）性质—联系"的线索展开学习，那么前述数学教育的根本目标就能得到真正落实．

②把握教材的深度和广度的要求．一方面根据教材地位、作用，仔细分析教材编写意图，把握好教学要求的分寸；另一方面，要认真分析课本例题、习题，从中揣摩本节课应当达到的认识水平层次．

③把握"不是教教材，而是用教材教"的内涵．这是针对"照本宣科"而言的，绝对不是提倡大家"脱离教材"进行教学．尽管教材是体现课程理念落实课程目标的一种形式而不是全部，但其凝聚了众多教育教学专业工作者的心血．创造性地使用教材是充分利用教材，如果教材中某个例子的背景不具有时代性和现实性就可以考虑替换，特别是例题安排不合理的、不符合学生实际的，但所替换的教学材料要与课本上承载的目标保持一致；如果教材对内容重点表述不够充分或例子不够充足则可以考虑增补，但增补的内容要紧扣教学目标，不能随意增补；如果教材的陈述顺序不利于教学内容的展开或学生接受的话，可以考

虑调整教学顺序，但调整后的教学顺序要符合数学发展规律和学生的认知水平．"教之道在于'度'，学之道在于'悟'"，只有对课标教材的研读足够深入，才能把握好这个"度"．

（3）教学重难点的确定．确定教学重点和难点，是实现有效教学的前提．有效教学内容的确定应该为实现教学目标服务．因此，教师确定教学重点和难点必须吃透课程标准，只有明确这节课的完整知识体系框架和教学目标，并把课程标准、教材和教师参考用书整合起来，才能科学确定静态的教学重点和难点．重点是在揭示内涵的基础上说明概念的核心之所在；是对概念在中学数学中的地位的分析，对内容所反映的思想方法的明确．在此基础上阐明教学重点．比如：

"直线与平面垂直的判定"的重点：

①定义："任意"＝"所有"；充分性和必要性；"化归"思想．

②判定定理："任意""两条""相交"；"化归"思想、"降维"思想．

"二元一次不等式与平面区域"的重点：

①用平面区域表示二元一次不等式；操作步骤．

②坐标法；化归思想，即二维化归为一维（直线的"左上方""右下方""左下方""右上方"的解析含义）．

教师根据自己以往的教学经验、数学内在的逻辑关系以及思维发展理论，对本内容在教与学中可能遇到的障碍进行预测，并对出现障碍的原因进行分析．在上述分析的基础上指出教学难点．如：

"直线与平面垂直的判定"的难点：

学生对为什么"要且只要两条相交直线"的理解有一定的困难，因为定义中"任一条直线"指的是"所有直线"，这种用"有限"代替"无限"的过程导致学生形成理解上的思维障碍．由于学生的空间想象、推理等能力有待进一步加强，因此在判定定理的运用中，对如何找出两条相交直线存在困难．

教学难点："定义—判定"的一般思想；"任意"——"两条相交直线"的操作确认，合情推理与逻辑推理的结合．

"二元一次不等式与平面区域"的难点：

现实问题数学化；思想方法层面——二元一次不等式的平面区域表示方法的探究．

2. 对良好水平的要求

良好：能够根据课标要求、教材内容和学生的学习基础，确定教学重点和难点．

本层级对教师的要求就是在"合格"标准的基础上，教师还能够了解学生的学习基础和现状，找准学习起点，把握教学内容的知识点，根据学生的实际情况，确定好教学的重点和难点．

（1）以学生为本确定教学内容．数学课堂教学的具体目标是让学生获得必要的数学基础知识和基本技能，理解基本的数学概念、数学结论的本质，了解概念、结论等产生的背景、应用，体会其中所蕴含的数学思想和方法，以及它们在后续学习中的作用．而科学的、适当的教学内容是实现这一目标不可或缺的载体，以学生为本又是科学确定教学内容必须遵循的原则之一．苏联心理学家维果茨基认为促进学生发展首先要确定发展的两个水平：一是已经达到的水平，表现为能够独立解决的智力水平；二是学生可能达到的发展水平，表现为还不能独立完成解决的任务，但在集体学习活动中通过模仿能够解决问题．这两种水平的差异就是"最近发展区"．数学教学中要关注学生的这两个水平，抓住学生的最近发展区，最大限度地挖掘学生的潜能．教师只有立足于学生的实际，才能更准确地把握学情，科学安排教学内容，熟练驾驭教学过程，顺利达成教学目标，使学生顺利获得基础知识和基本技能．

反之，如果我们的教学没有考虑到学生的认知基础，学生对我们的讲解无动于衷，那么他们就不可能有心领神会的心灵共鸣，我们讲得再精彩也只能无功而返．教师要了解学生是否掌握了与要学习的新知识有关的基础知识和基本技能，有多少人掌握、掌握的程度怎样，确定哪些知识应进行重点辅导，哪些知识可以略讲或不讲，从而抓准教学的真实起点．课时的容量要适当，教师对教材的使用和取舍凝聚着教师的学识和智慧，要根据教学目标取舍，尽管有的内容好，但与教学目标不符，就要下决心舍去．设计贴近学生生活的教学内容，教师要创造性地利用学生已有的知识基础，精心设计贴近学生生活实际的学习材料，使学生充分运用生活经验，感悟所学知识才是行之有效、以人为本的教学．

(2)关注学生的非智力因素．毋庸置疑，学习能力是智力因素与非智力因素相互作用的产物．在数学教学中，教师不仅要培养学生的智力因素，而且要培养学生的非智力因素．非智力因素是指人的动机、兴趣、情感、意志、习惯、性格、创新意识等．非智力因素与智力因素在教学中是相辅相成、协调促进的．这一认识对科学确定教学内容也起着重要作用．教师应根据学生的特点，选择那些学生感兴趣、有实践或生活经历、能够体现数学文化和数学魅力的教学内容，千方百计地激发学生的学习动机．比如有些教师在讲三角函数模型简单应用的时候，由于学校刚刚进行了天安门广场升国旗仪式的参观活动，加之学生的数学基础普遍偏弱，果断地舍弃了较为困难的潮汐问题，改为对升国旗时间的规律进行研究和预测；在对数函数教学的引入环节，恰逢玉树发生地震，引入时改"碳14含量估算文物年代"为"地震级数的确定问题"；在算法的教学中，举一些学生感兴趣的游戏软件开发的例子，让学生认识到软技术本质上是数学技术；在随机变量的教学中，可以引入数学史内容，介绍伯努利及其家族的数学成就等，学生或有亲身经历，或兴趣浓厚，均收到了良好的教学效果．学生有了兴趣，就更容易形成一种获取知识的强烈欲望，在这种欲望驱使下，能够相对轻松地克服学习中遇到的困难，自然地由被动接受知识变成主动学习，甚至把艰苦的学习看成快乐的享受．

此外，教学中教师还应时刻观察学生的一举一动、表情神态，采取一定措施了解学生对新知识的理解程度，并根据学生的表现及时调整教学内容和进程，这是考查教师专业化发展水平的指标之一．尤其强调教师对概念的理解和教学内容的解读，是因为教师可以从这一过程中大致了解学生的概念理解心路历程，从中获得把握学生学习感受的启发．事实上，教学解读必须关注到学生的感受，因为这样才能使教学预设成为教学实践的有效线索．例如，学习"古典概型"，重要的是理解它的两个特征．在解释"标准化考试中，为什么多选题比单选题更难猜对"时，学生有两种回答：因为选项不确定，可能选两个，也可能选三个，选错一个就错了；基本事件的总数多了，选错的可能性就大了．这种回答隐藏着什么问题呢？学生是在用"古典概型"的特征做判断吗？教师应该及时关注到这些问题，敏锐地抓住这些教学契机，使这种课堂生成变成新的教学内容，从而加深学生对知识的理解和认识．

（3）知识的"逻辑链"与学生的"思维链"的契合．数学学科以其逻辑严谨而雄冠其他学科之首，这就决定了每一个单元知识都具有一条客观的、显性的、结构式的"逻辑链"．它承载着教学中对"知识与技能"的目标要求，是教学的纲领．教师应根据学生的程度和进度要求，决定这条"逻辑链"上哪几环是本节课的教学内容．

相对于"逻辑链"而言，学生学习数学活动中的"思维链"是主观的、隐性的、非结构式的，课程教学目标中的"过程与方法、情感态度价值观"往往要通过这根链条来实现，它的产生、发展与完善，对于学生能否变被动接受为主动学习来说，往往是决定性的．教学中，教师首先要遵循它，学习知识的多与少、难与易都将受到它的制约，任何形式的一厢情愿，都将事与愿违，但更多的却往往需要通过情境的创设、问题的提出、问题的解决与引申（包括应用性练习），来引领与续接，甚至是编织与营造这根原本松散的、多元的、极富个性的思维链条．

两根链条的功能、结构各异，但却都有由此及彼、由易到难、由肤到深的特征．教师要想较好地体现学生的主体性，实现课堂教学效果的最大化，就必须选择好两根链条相互匹配的起点，然后亦步亦趋，层层深入，和谐发展．在这个环节中，当知识的发生与发展脱离学生的知识经验基础，即学生的理解力还达不到在教师的引领下去发现数学时，教师的直接传授就有了存在的理由，于是，教师掌控的逻辑链条就居于主导地位，学生头脑中的思维链条要服从、追随逻辑链条；相反，学生的理解力能达到在教师的引领下去发现数学时，学生头脑中的思维链条即升格为主导地位，反过来又牵引、催生逻辑链条，两者相互依存，不可分割，任何一者孤军深入都是毫无意义的．

3. 对优秀水平的要求

优秀：能够根据课标要求、教材内容和学生的学习基础，整合教学内容．

本层级对教师的要求就是在"良好"标准的基础上，教师应充分利用学生学习情况的反馈信息，调控和整合教学内容，用"一般观念"引领教学，适应学生的学习基础与发展目标的需要．

（1）一般观念的引领．合理、科学的教学内容不仅要讲具体的知识，更要讲知识中蕴含的"理"．那么，到底如何在数学教学中讲这个"理"呢？关键是要有"一般观念"的引领．

首先，数学教材的体系结构遵循了"一定之规"，一般按"背景（实际背景、数学背景）—定义（内含、表示）—分类（以要素为标准）—性质（要素、相关要素的相互关系）—特例（性质和判定）—联系（应用）"的逻辑展开．这个系统具有一般意义，是科学研究的"基本之道"．教师以此为基本依据设计课堂教学，并让学生反复经历这个逻辑过程．

其次，所安排的教学内容要能有效地体现研究思路和方法．显然，思路与已有知识经验相关．但没有数学思想的知识经验只是一种僵化教条，并不能用来发现新的东西．这里的数学思想，关键是具有普遍意义的一般观念．例如，在平面图形中，三角形是最简单的，而圆是最完美的（主要表现在对称性上）．于是，平面几何中研究三角形、圆的基本性质有奠基作用．得到了三角形的性质是一方面，更重要的是得到了研究几何图形的一个典范——对其他几何对象的研究都可以循着这样的思路展开，同时还得到了一个"工具"，因为我们往往利用三角形的性质去分析其他几何图形的性质．三角形性质的研究思路和方法是：以它的要素（三条边、三个内角）、相关要素（高、中线、角平分线、外角等）以及几何量（边长、角度、面积等)之间的相互关系为基本问题,从"形状、大小和位置关系"等角度展开研究.显然,这是一般观念指导下的研究.对于圆,同样可以通过研究它的要素(圆心、半径或直径、弧、弦、圆心角、圆周角)之间的相互联系获得它的性质.

数学教学的根本任务是发展学生的思维能力,说到底就是要使学生在面对问题时总能想到办法.注重一般观念的思维引领作用,可以提高思维的系统性、结构性,有效克服"做得到但想不到"的尴尬,使数学的发现更具"必然性",是实现上述育人目标的重要途径.

(2)教学内容的整合.著名教育家陶行知先生曾说过:"教材只能作为教课的依据.要教得好,使学生受益,还要靠教师善于运用."现代课程论主张:教师不应只是知识被动的课程执行者,而应成为课程的开发者、决策者,甚至是课程的创造者.教师应在读懂教材、理解教材的基础上,根据学生不同的认知基础,对教材科学合理地整合、重组和超越,使加工后的教材更加丰富多彩,更具实效性、现实性和挑战性,更好地调动学生的积极性和主动性.下面是一些具体的做法,仅供参考.

首先,改变教学内容的顺序,让教学更流畅自然.比如在"平行四边形判定"教学中,就传统教材而言,在给出平行四边形的定义和性质后,罗列出四个判定定理,教师如果照本宣科,按照定理—证明—应用的顺序讲解,学生面对"判定定理"就会有一种从天而降的感觉,很难进行"火热的思考",只能被牵着鼻子,稀里糊涂地走进记忆、模仿的窠臼.所以,教师可以打破教材形式化的逻辑链条,大胆整合教学内容,把叙述顺序颠倒过来,恢复其原始的、火热的思考过程,从而使学生领会数学的本原.详见案例1-3.

其次,运用"问题导学",合理整合教学内容.由于数学的抽象性特点,对学生来讲,很多数学学习内容是枯燥的,尤其是某些规定性的符号、定义等.教师可以尝试运用"问题导学",将生硬的学习内容生动化、形象化.比如对数的概念对初学者来说,一直是个难点,教师如果按照"对数的概念、符号表示、对指互化"三部分内容顺次展开讲述,那么学生就会由于内容新颖,没有固有经验可循,只能被动接受,从而完全失去主动参与的机会,特别是在大面积基础偏弱的情况下,承认"$\log_a N$"五个字符表示一个数,都将成为许多学生学习对数的入门障碍.为最大限度使学生在问题解决中催生新知,学得清晰透彻,可选用以下6个问题导学.

问题1:心算求下列指数 x.

$10^x=1\,000$,$10^x=0.01$,$10^x=1$,$2^x=32$,$3^x=27$,$2^x=\dfrac{1}{4}$,$3^x=\dfrac{1}{27}$.

问题2:如果 $2^x=3$,如何利用所学知识判断 x 存在?若存在,请查阅如何表示,并模仿表示问题1中的 x.

问题3:如果 $a^b=N(a>0,\ a\neq1)$,则 $b=$?(注意,只说明 a 的"遗传"关系,不说 N 的取值范围.)

问题4:判断下列 x 是否存在.

①$2^x=0$;②$2^x=-1$;③$2^x=-2$,你有什么发现?(N 的范围)

问题5:求对数值(可多编).

①$\log_{10}10$; ②$\log_51$; ③$\log_232$;

④$\log_3\dfrac{1}{27}$; ⑤$\log_48$; ⑥$\log_{16}32$.

问题 6：求下列各式中的 x.

①$\lg 100 = x$；　　　　②$\ln e^2 = x$；　　　　③$\log_{0.1} 10 = x$.

④$\log_x 8 = 3$；　　　　⑤$\log_{64} x = \dfrac{2}{3}$；　　　　⑥$x = 5^{\log_5 24}$.

问题 1 为基础薄弱学生所设，凭直觉就可搞定，无须对数表达，从而反衬出问题 2 中对数表达的必要；而问题 2 的解决，学生可以通过指数函数 $y = 2^x$ 的图像与直线 $y = 3$ 有交点，判断 x 的存在，无数实践表明，只有真切地感受到 x 存在，才能强化"$x = \log_2 3$"的数感.

问题 3 是问题 2 的一般化表达，揭示了不论指数式还是对数式，都表达了 a、b、N 相同的数量关系，但要注意只提对 a 取值范围的一致性，而 N 的取值当随问题 4 的解决变成反思的结果，这样处理不生硬、不强加于人.

问题 5 含求对数值的 6 道小题，分别承担着不同职责，其中①、②两题的目的是概括对数性质"1 的对数是 0，底数的对数是 1"；③、⑤两题的目的是强化数感，如 $3^{-3} = \dfrac{1}{27}$，所以 $\log_3 \dfrac{1}{27} = -3$；⑤、⑥两题试图在直觉无效的情况下逼出"对指互化"，试想：4 的多少次方等于 8？设 $\log_4 8 = x$，得 $4^x = 8$，于是 $2^{2x} = 2^3$，即得 $x = \dfrac{3}{2}$. 这其中的"逼出"二字，可谓传神，因为它远比直接讲授"对指互化"要金贵得多，由此概括出底数、真数，若都可表示为同底数幂的形式，就可通过"对指互化"求值，留下底数、真数不可表示为同底数幂者如何求值的悬念.

问题 6 中的 x 分别作为对数、底数、真数、幂，以此来深化对数概念，落实"对指互化"的技能，其中①、②两题有介绍常用对数、自然对数的意味，可向学生介绍将来通过换底计算任意对数值；⑥的设计涉及对数恒等式，又一次深化对数概念，学生合理的思维过程依然是 $\log_5 24$ 是一个数，它多大．5 的"这么大"次方是 24，所以 $x = 24$.

最后，将课本、例题和习题合理整合，适度拓展、延伸，让学习充满探究．课本中的例题和习题都是针对该节课核心内容安排的，它们的表现形式不同，且分布零散，但某些题目反应的本质却是一致的．如若将这些形散神聚的问题整合在一起，适度拓展、延伸，一方面能够帮助学生巩固学习内容；另一方面也能够为学生创设良好的、探究性的学习机会．详见案例 1-2.

（二）要素提炼

我们从知识和认知过程两个角度来认识"教什么"的问题．从知识角度看，我们应该教"结构良好的知识"；应该教核心概念、主干知识；应该"既讲逻辑又讲思想"；应该围绕"概念的核心"进行教学；应该教概念的联系与转化．从认知过程看，我们应该教概念的概括过程；应该教理解（使学生学会在背景中建构数学意义）；应该教应用（使学生学会根据问题需要调动头脑中的知识）；应该教发现与创造．一句话，就是要教会学生数学地看待问题、思考问题和解决问题的方法.

要做到科学确定教学内容，我们应努力做到以下几点.

1. 从加深理解内容入手

(1)深入理解数学内容是正确、有效教学的基础．正如美国著名数学家、数学教育家Hersh 在《给数学哲学研究提一些建议》中所说："问题并不在于教学的最好方式是什么，而在于数学到底是什么……如果不正视数学的本质问题，就解决不了教学上的争议．"

(2)深入理解数学内容是指导学生学会学习的基础．教师只有懂得知识的成长过程与成长方法，才有可能把知识教"活"而不是教"死"，才有可能有效地帮助学生落实"过程与方法目标"，引导学生学会学习、学会探究．课堂上学生不会探究的背后是教师不会引导、帮助学生探究．

(3)深入理解数学内容是激发学生学习兴趣的基础．教师只有读懂数学，才有可能还原数学好玩、有趣的本来面目，才有可能进行艰难曲折、生动活泼的数学探究与创造，才有可能用数学知识内在的魅力和学习过程的乐趣吸引学生．教师只有读懂数学，才有可能让数学思维像高山流水一样自然流淌，让学生享受"思维冲浪"的愉悦．

(4)深入理解数学内容是减轻学生学习负担的基础．教师只有读懂数学，才有可能把握知识的本质、核心与关键，才有可能有效地占领教学的"制高点"，对学生的问题和困难进行"精确打击"．教师只有读懂数学，才有可能在磨快自己"教学之刀"的同时指导学生磨快"学习之刀"，进而帮助学生实现"以简驭繁"、抢占数学学习的"制高点"．

例如在统计与概率的教学中，因为对统计与概率的学科特点理解不深，许多教师把统计与概率"教成了算术、画图表、计数"，而对于由它的"应用性"特点所决定的必须让学生动手实践，解决一些真实的应用问题，在实践中学会一些统计方法等并不在意．例如，有些老师对教材没有线性回归方程的推导过程很不满，因此在"两个变量的线性相关"的教学中，把主要精力集中在系数公式的推导、训练学生记忆和熟练用公式计算上．这样处理并没有抓住内容的本质，没有体现其特点．实际上，这是"用样本估计总体"的一次典型实践，主要目的是让学生在实际处理一类统计问题的过程中，进一步体会用样本估计总体的思想，学习用样本的频率分布估计总体分布、用样本的数字特征估计总体的数字特征的方法，并体会样本频率分布和数字特征的随机性(即线性回归方程是随机的)．因此，在教学中教师应让学生处理一些典型案例，使他们经历较系统的数据处理全过程，把重点放在体会最小二乘法的思想上，放在理解回归方程系数的意义上，放在理解线性回归方程的意义上(线性回归直线是由样本数据决定的，有随机性，是对总体的一个估计)，放在用回归直线对总体的分布和数字特征等做出估计上．公式的推导不是主要的，系数的计算可由计算器完成．

2. 教学内容应集中在核心知识上

确定教学内容时，我们应把精力集中在核心的、更重要的内容上．例如：如何理解函数概念？为什么课标提倡"从学生已掌握的具体函数和函数的描述性定义入手，引导学生联系自己的生活经历和实际问题，尝试列举各种各样的函数，构建函数的一般概念"？如何帮助学生建立向量概念？为什么要强调向量的几何背景、物理背景？向量法的特色是什么？如何与时俱进地理解任意角的三角函数？为什么要强调单位圆的作用？为什么说"等差数列是自然数列的变式"？为什么说"统计的核心思想是归纳的思想"？统计教学为什么要强调让学生亲自动手收集数据？为什么说"概率教学的核心问题是让学生了解随机现象与概率的意义"？为什么在"古典概型"之前不讲计数原理？如何理解"瞬时变化率就是导数"？导数的思想及其内涵是什么？等等.

再比如向量，向量有它的几何原型——有向线段，而且我们借助于几何图形，用"三角形法则"等定义它的运算，因此"向量集数与形于一身". 在研究了向量的运算及其规律后，回头再看向量运算及其结果的几何意义，就有了解决几何问题的向量法，而且向量法的力量无限. 这种力量集中体现在它仅用"向量相加的'首尾相接法则'""向量数乘的意义和运算律""向量数量积的意义和运算律"和"平面向量基本定理"四条基本法则来解决几何问题. 这些是中学向量教学应关注的核心问题.

3. 正确领悟数学知识所蕴含的思想方法

"工欲善其事，必先利其器". 数学思想方法是我们"善其事"的"工具". 领悟数学知识所蕴含的思想方法是教师的基本功，也是构建合理的教学过程、提高课堂教学有效性的前提. 只有教师正确领悟数学知识所蕴含的思想方法，才能安排合理的、科学的、恰当的教学内容，才能帮助学生领悟各种思想方法.

例如，对于"等差数列前 n 项和公式的推导". 有人认为"倒序求和法"是重要的思想方法，由高斯求 $1+2+\cdots+100$ 的方法得不出"倒序求和法". 其实，"倒序求和法"并不是什么思想方法，"重要"就更谈不上了，只是为了避免对项数 n 进行奇偶讨论而引入的一个技巧，并不具有根本的重要性. 事实上，推导等差数列 $\{a_n\}$ 前 n 项和公式的核心思想是：用等差数列的性质"等差数列 $\{a_n\}$ 中，当 $m+n=p+q$ 时，$a_m+a_n=a_p+a_q$"，将不同数求和化归为相同数求和，从数量关系上看是利用了"平均数"概念；进一步地，如果从等差数列的概念和通项公式出发，由于 $S_n=na_1+d[1+2+\cdots+(n-1)]$，因此可将其化归为求 $1+2+\cdots+(n-1)$ 的问题. 因此，人教 A 版教材的设计思路，即：首先从"高斯的故事"引入，归纳高斯方法的本质，明确其实质是用了上述性质，然后用这一方法求 $1+2+\cdots+n$ 的值(需要分 n 为奇数、偶数)，最后过渡到一般等差数列的求和公式，是一种聚焦基本概念和基本原理，引导学生经历从特殊到一般的归纳过程，从中领悟化归的思想方法的思路. 因此，应把"等差数列前 n 项和公式"课看成等差数列概念、性质的应用课. 这一课的教学，重要的是要培养学生从基本概念、基本原理出发思考问题的习惯. 具体教学时，应在明确任务(即用基本量 a_1，d，n(或 a_1，a_n，n)表示 S_n)的基础上，引导学生从基本性质、通项公式入手，寻找化归的方法，在不断"求简"的追求中得到"倒序求和法".

（三）理论链接

PCK 是学科教学知识(Pedagogical Content Knowledge)的简称，最早是由美国舒尔曼(Schulman)教授于 1986 年提出来的. 他认为这种知识是学科知识在教学应用中的转换形式，是特定的内容与教学法的整合或转换，是教师独特的知识领域，是他们专业理解的特殊形式. 具体来说，就是"对于一个人的学科领域中最一般的要教授的内容，表达那些概念的最有用的形式，最有效的比喻、说明、例子、解释以及演示，一句话，就是使人易于懂得该学科内容的表达和阐述方式"，它还包括"知道不同年龄和背景的学生在学习那些最经常教授的课题时已具有的一些日常概念和先入之见，这些日常概念和先入之见会使具体内容的学习变得容易或困难".

1990 年，格罗斯曼(Grossman)作为舒尔曼理论的继承者，对于学科教学知识概念给予了重要阐释. 他认为 PCK 由四部分组成：

(1)教师关于一门学科教学目的的统领性观念——关于学科性质的知识、关于学生学习哪些重要内容的知识或观念.

(2)关于学生对某一课题理解和误解的知识.

(3)关于课程和教材的知识,主要指关于教材和其他可用于特定主题教学的各种教学媒体和材料的知识,还包括学科内容特定主题如何在横向和纵向上组织及其结构的知识.

(4)特定主题教学策略和表征的知识.

例如勾股定理是初中平面几何中有关度量的最基本定理之一,从边的角度进一步刻画了直角三角形的特征.学习勾股定理及其逆定理是进一步认识和理解直角三角形的需要,也是后续有关几何度量运算和代数学习必要的基础,其在现实生活中具有普遍的应用性.勾股定理的 PCK 具体研究以下四个问题:勾股定理的内容及其教育价值是什么?勾股定理与其他数学内容的联系是什么?学生在学习勾股定理时可能出现的困难是什么?帮助学生学习勾股定理的教学策略有哪些?

教师可以查阅更多 PCK 的相关理论和研究,并选择一个数学内容,进行 PCK 内涵解析.

三、案例分析

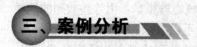
案例 1-1

是"原地踏步"还是"合理延伸"?

在一节高中导数阶段性复习课上,教师首先给出一个引例:求函数 $f(x)=\dfrac{1}{3}x^3-x^2+2$ 的单调区间,紧接着给出如下 4 个变式,分别研究函数的单调区间.

变式 1:求函数 $f(x)=\dfrac{1}{3}x^3-ax^2+2(a\in\mathbf{R})$ 的单调区间;

变式 2:求函数 $f(x)=\dfrac{1}{3}ax^3-x^2+2(a\in\mathbf{R})$ 的单调区间;

变式 3:求函数 $f(x)=\dfrac{1}{3}x^3-x^2+ax(a\in\mathbf{R})$ 的单调区间;

变式 4:求函数 $f(x)=\dfrac{1}{3}x^3-x^2+ax(x>-2,a\in\mathbf{R})$ 的单调区间.

上述变式 1~3 的导函数分别为 $f'(x)=x^2-2ax=x(x-2a)$,$f'(x)=ax^2-2x=x(ax-2)$,$f'(x)=x^2-2x+a$;变式 4 的导函数与变式 3 相同,但限定了特殊的定义域.教师通过变式中参数 a 所在的不同位置,囊括了导函数形式为 $f'(x)=ax^2+bx+c$ 的函数单调性的各种情形,教学的重心放在针对不同情况如何确定参数 a 的分类标准上,然后分类讨论其单调区间.

✳ 案例分析

  很明显，本节课的教学内容专注于函数单调性．从几个变式的安排来看，教师有意通过这样的"分解动作"强化"技能训练"，尤其是对于学习困难生，这样的技能训练似乎有效．如同做体操，不断地重复进行某一节操的训练，就能在短期内达到良好的效果．

  但是，在讲新课时，按照人教 A 版教材"1.3.1 函数的单调性与导数""1.3.2 函数的极值与导数""1.3.2 函数的最大(小)值与导数"三节内容的顺序，已经分别讲授了"分解动作"，如果复习课还重复安排"分解动作"，在讨论函数单调性上"原地踏步"，就完全背离了复习课应该追求对知识"逻辑化、结构化"把握的初衷，大大抵扣了复习课效率．更何况，在含参函数中，参数的不同取值，既影响单调性，也影响极值，在特定区间上，还会影响最值，这三者密不可分，如果复习课上在完成单调性讨论后即戛然而止，必然使学生饱尝"急刹车"的感觉．实际上，由导函数的正负判断函数的单调性，进而得到函数的极值，再勾勒函数的图像，这一连串"连续动作"，反映出利用导函数研究函数图像的自然走向，无论是主观上的"思维链"，还是客观上的"逻辑链"，都属于合理延伸．若从其中某个节点处生生打断，不仅失去了一气呵成、行云流水的大气，更不利于学生感悟利用"导数"研究函数图像与性质的工具性作用．技能训练要"远处着眼，近处着手"，重复做"分解动作"，这看似"实在"的技能训练，远不如让学生弄懂知识的来龙去脉．在明确知识发展走向的基础上，循序渐进地深化技能训练，更有利于学生的后续学习．实际上，新授课的"分解动作"，一般不要迁移到复习课，更不要"分解动作"重复做，一定要体现"连续动作"，以确保实现复习课知识逻辑化、结构化的根本目的．采用变式训练的方式复习毋庸置疑，但变式的设计既要遵循量力性原则，又要通过变式反映知识的逻辑走向，以便学生在一定高度上去认识知识的连续性与发展的合理性，长此以往，有助于学生从被动"听明白"逐步过渡到独立"想明白"，从被动的"模仿者"逐步成为主动的"创造者"．

  下面是重新设计后的一种方案，仅供参考．

  引例：请画出函数 $f(x)=\frac{1}{3}x^3-3x^2+2$ 的大致图像．

  设计意图：此函数没有参数的介入，是一个确定的函数．表面上，我们只要求学生勾勒草图，但勾勒草图离不开单调区间、极值的确定，这恰恰是对学生前面学习基础的检测，达到了复习引入的目的．

  变式 1：已知函数 $f(x)=\frac{1}{3}x^3-ax^2+2(a\in\mathbf{R})$.

  (1)求函数 $f(x)$ 的单调区间和极值；

  (2)若函数 $f(x)$ 的极值存在，且都大于零，求实数 a 的取值范围．

  设计意图：变式的解决，同样离不开勾画出函数的草图．但参数 a 的介入，使导函数 $f'(x)=x^2-2ax=x(x-2a)$ 的零点相对位置不确定，于是，要解决(1)中的单调区间和极值问题，就不得不对 $2a$ 与 0 的大小关系进行讨论．这种情势所逼的策略，更有利于学生内化．

(2)中要求函数 $f(x)$ 的极值都大于零，是函数单调性确定后，对参数 a 取值范围的进一步限定，体现出知识与技能的合理延伸．当 $a>0$ 时，极大值 $f(0)=2$ 恒大于零，只需极小值 $f(2a)=-\frac{4}{3}a^3+2>0$ 即可；当 $a<0$ 时，注意到函数的极小值 $f(0)=2$ 恒大于零，根据函数图像的走势，极大值 $f(2a)>f(0)>0$ 是自然成立的；当 $a=0$ 时，函数无极值．因此 $a\in(-\infty,0)\cup(0,\sqrt[3]{\frac{3}{2}})$．

整个过程紧扣单调性、极值、图像这一主线，使得分类讨论显得自然清晰，如若学生能够注意到当 $a<0$ 时，相邻极值间极大值必然大于极小值这一图像特征，就可适当减少工作量，加强学生认识图像的意识．

变式 2： 已知函数 $f(x)=\frac{1}{3}ax^3-\frac{1}{2}(a+1)x^2+x(a\in\mathbb{R})$．

(1)求函数 $f(x)$ 的单调区间和极值；

(2)当 $a<0$ 时，证明函数 $f(x)$ 的图像与 x 轴有 3 个不同的交点；

(3)当 $a<0$ 时，讨论函数 $f(x)$ 在 $[-3,3]$ 上的零点个数．

设计意图： 与变式 1 相比，本题改变了参数 a 的位置，使函数 $f(x)$ 的导函数为 $f'(x)=ax^2-(a+1)x+1=(ax-1)(x-1)$．

(1)题的解决，需要确定导函数的图像，于是，对 a 进行分类讨论(甚至按不同层级分类)成为必然的选择．如一级分类为 $a=0$ 或 $a\neq0$；当 $a\neq0$ 时，二级分类为 $a<0$ 或 $a>0$；当 $a>0$ 时，需要三级分类为 $0<a<1$ 或 $a=1$ 或 $a>1$，以判断导函数两零点的大小．教学实践表明，对于初学导数的高二学生来说，这样严格的逻辑划分训练是必要的．

(2)题建立在(1)题的基础上，当 $a<0$ 时，函数的单调区间、图像走向相对稳定，只需利用零点存在条件进行论证．

(3)题给出函数的限定区间 $[-3,3]$，相对于(2)题，又一次体现出知识与技能的合理延伸．由于 $a<0$ 时，极大值 $f(1)=\frac{1}{2}-\frac{a}{6}>0$，极小值 $f\left(\frac{1}{a}\right)=\frac{3a-1}{6a^2}<0$，且 $f(3)=\frac{9a}{2}-\frac{3}{2}<0$，由此勾勒出函数的大致图像．要研究函数零点的个数，就需要讨论 $f(-3)=\frac{27a}{2}-\frac{15}{2}$ 的正负．当 $-\frac{5}{9}<a<0$ 时，函数在 $[-3,3]$ 上有 2 个不同的零点；当 $a\leqslant-\frac{5}{9}$ 时，函数在 $[-3,3]$ 上有 3 个不同的零点．

(案例提供：北京市第十七中学魏烁)

案例 1-2

探究什么？

下面是一节解析几何中关于动点轨迹问题的探究课课堂实录：

引例(人教版选修 2-1 P41 例 3)设 A、B 的坐标分别为 $(-5,0)$、$(5,0)$，直线 AM、BM 相交于点 M，且它们的斜率之积是 $-\frac{4}{9}$，求动点 M 的轨迹方程，并判断轨迹的形状．

师：对于本题的已知和结论，你有哪些联想？（学生思考后）

生1：如果把斜率之积 $-\dfrac{4}{9}$ 改成 $\dfrac{4}{9}$，则得到的轨迹是除去 A、B 两点的双曲线.

师：很好，这是一个很自然的想法，同时也给我们提供了探究的一个方向．其他同学呢？

生2：如果把斜率之积 $-\dfrac{4}{9}$ 改成特殊的常数1或者 -1 呢？甚至是一般的常数 m 呢？

探究1：设 A、B 的坐标分别为 $(-5,0)$、$(5,0)$，直线 AM、BM 相交于点 M，且它们的斜率之积是常数 m，探究点 M 的轨迹.（结果略）

师：回顾刚才的探究过程，想一想，我们是如何提出探究1的？

生3：我看到大家都在试特殊值，心想何时是尽头．不如用字母 m 代替特殊值.

师：回答得很好！实际上你给大家提供了一条"从特殊到一般"的重要策略，它是数学问题研究中的常用方法之一.

师：（接着上述话题）分析思维过程的指向性，除刚才提及的"从特殊到一般"外，我们还常常把思维分为正向思维与逆向思维．逆向思维是按研究问题的反方向思考的一种方式，也是数学研究中常见的方法．在刚才猜想、推证的过程中，如果我们将"满足 $k_{AM}\cdot k_{BM}$（其中 A、B 是定点 $(-5,0)$、$(5,0)$）为定值的动点 M 的轨迹是椭圆"视为正向思维的结果，那么你逆向思维的结果是什么？你准备如何研究这一问题？

学生经过交流，提出探究2：已知 M 是下列曲线上异于 A、B 的任意一点，根据条件求 $k_{AM}\cdot k_{BM}$ 的值.

(1)曲线为椭圆 $\dfrac{x^2}{a^2}+\dfrac{y^2}{b^2}=1(a>b>0)$，$A$、$B$ 为长轴的两个端点；

(2)曲线为双曲线 $\dfrac{x^2}{a^2}-\dfrac{y^2}{b^2}=1(a>0,\ b>0)$，$A$、$B$ 为实轴的两个端点.

师：这是非常好的发现！逆向思维是产生新思维，发现新知识、新解法的重要思维方式．同学们还有什么疑惑吗？

生4：我发现满足 " $\dfrac{b^2}{a^2}$ " 是常数的椭圆或双曲线不唯一，严格说是一类.

师：很好，你的发现很有意义，斜率之积是同一常数的椭圆或双曲线是否有共性？（很快学生就发现，这类椭圆或双曲线具有相同的离心率 e.）

生5：我在想一个问题，既然常数（斜率之积）可以推广成任意实数 m，那么问题中的两个定点 A、B 的位置是否可以推广？

一石激起千层浪！笔者顺势提出了下面的探究问题，留作课后作业.

探究3：已知椭圆 $\dfrac{x^2}{a^2}+\dfrac{y^2}{b^2}=1(a>b>0)$，直线 l：$y=kx$ 与椭圆交于 A、B 两点，M 为椭圆上异于 A、B 的任意一点，则 $k_{AM}\cdot k_{BM}$ 是否为 k 的函数？是否仍然是一个常数？请说明理由．如果把椭圆改为双曲线呢？

✲ 案例分析

上述教学从课本中一道看似简单的例题出发，以不同的数学问题为载体，把学生推至问题解决的主体地位，使他们更多地扮演催生知识发生、发展的角色．学生亲历了观察分析数学事实，提出有意义的数学猜测，探求适当的数学结论或规律，最终给出解释或证明的完整过程．这被简约、整合的教学片段，甚至可谓是数学发展史的一个微观缩影．虽然我们经过探究获取的些许结论甚至可以忽略不计，但多次享受这样的探究过程，学生就会逐渐掌握数学研究问题的基本套路，学会怎样学习数学、研究数学．其心智活动的深入参与、实践能力的提升与创新精神的孕育是不言而喻的．相比于浩瀚的数学知识海洋，我们教材中的例题与习题，类似"冰山一角"，其背后的本来面目被淹没，但这些都是值得我们挖掘的探究素材．在这个过程中，教师要凭借自己的"一桶水"乃至"一条河"的知识优势，准确评估学生的认知水平，根据量力性原则，选择值得学生探究的内容．

（案例提供：北京市第十七中学魏烁）

案例 1-3

整合后的"平行四边形判定"教学

下面是一节整合后的"平行四边形判定"教学实录：

1. 由学生总结平行四边形的性质（图 1-2）

① $AB=CD$；

② $AD=BC$；

③ $AB /\!/ CD$；

④ $AD /\!/ BC$；

⑤ $\angle BAD=\angle BCD$；

⑥ $\angle ABC=\angle ADC$；

⑦ $AO=CO$；

⑧ $BO=DO$.

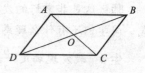

图 1-2

2. 揭示课题，形成猜想

师：分析平行四边形的 8 条性质，我们不难看出，一个四边形满足了③、④两条，它就是平行四边形（定义），这就自然使我们产生了一种猜想：是否一个四边形满足了上述 8 条中的任意两条，就可以判定该四边形是平行四边形？这就是我们本节课要研究的问题：平行四边形的判定．

3. 归纳分类，简约猜想

师：我们刚才从 8 条性质中任意选两条，共得 28 种组合，在这 28 种组合中，除了前面提到的一个四边形如果具备③、④就一定是平行四边形（定义）外，你还能肯定哪些？下面先由同学自行证明一个四边形具备了①、③组合和②、④组合的条件都是平行四边形.

在经过一番独立思考、小组讨论和教师点拨后，28 个组合被简述为如下 11 类：

第 1 类：一组对边相等，另一组对边也相等（①②）；

第 2 类：一组对边相等且平行（①③、②④）；

第 3 类：一组对边相等，另一组对边平行（①④、②③）；

第 4 类：一组对边相等，一组对角相等（①⑤、①⑥、②⑤、②⑥）；

第 5 类：一组对边相等，一条对角线被另一条对角线平分（①⑦、①⑧、②⑦、②⑧）；

第 6 类：一组对边平行，另一组对边也平行（③④）；

第 7 类：一组对边平行，一组对角相等（③⑤、③⑥、④⑤、④⑥）；

第 8 类：一组对边平行，一条对角线被另一条对角线平分（③⑦、③⑧、④⑦、④⑧）；

第 9 类：一组对角相等，另一组对角也相等（⑤⑥）；

第 10 类：一组对角相等，一条对角线被另一条对角线平分（⑤⑦、⑤⑧、⑥⑦、⑥⑧）；

第 11 类：两条对角线互相平分（⑦⑧）.

4. 精磨细研，核实猜想

师： 利用上述这 11 类条件，实际上我们已相应得到了 11 个猜想："如果一个四边形具备这 11 类条件之一，则它就是平行四边形"，除了第 6 个是定义，第 2 个刚才已证外，其余 9 个猜想哪个最易证明或最易举反例否定？

✳ 案例分析

经常听到教师们关于学生课上不参与或参与度不够的议论，这很大程度上取决于教师创设的情境是否诱人、所提问题难易程度是否适度、是否具有基础性与发展性. 学生在探究、证明的过程中，体验了数学知识从心理认同到逻辑建构的过程，甚至通过"平行四边形判定"概念体系的扩充，初步领略到近代数学依靠公理化思想，自身不断繁衍生息、完善壮大的过程，许多同学极有可能引发心灵的震撼，被数学严谨、和谐的魅力所折服，这其中蕴含着深刻的教育价值！更加难能可贵的是对猜想 3、4、5、10 的甄别，弥补了传统教材肯定命题多、否定命题少的缺陷. 也许受思维定式的影响，大多数学生可能开始总想证明它们是真命题，受阻时也往往先怀疑自己没找到证明的思路，万般无奈之际，思路才开始游离于证明它们和举反例否定它们之间，但是无论结果如何，他们的思维能力必将受到"货真价实"的锻炼.

在传统教学中，我们一般不注重知识成因的探究，更没有猜想的地位，虽然也要求会证明平行四边形的判定定理，但教学的重心却往往放在判定定理的应用上，这种封闭、聚合式教学的优势是授课时数极易控制的. 而我们的教学设计与传统教学恰恰相反，把教学重心放在了寻求平行四边形的判定方法上，把过去教材中四个判定定理的讲授整合在一起，变成了对 28 个猜想的穷举、归类和甄别研究，使学生线性单一的逻辑运演训练变成了包含归纳总结、合情推理、逻辑论证、证明证伪在内的全方位思维训练．这种开放、发散式的教学，虽然课时不易控制，但却使形式服从于内容，使数学教学化"冰冷的美丽"为"火热的思考"变成了现实，使学生减轻题海之患、用提高自身素质水平来提高应试能力成为可能．

（案例提供：北京市丰台区特级教师连春兴）

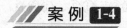 案例 **1-4**

研究章引言，上好起始课

在一次针对"变量与函数"的第一课时展开的同课异构研究中，三位教师分别进行了课堂教学实践，但是教学设计迥然不同，教学效果亦有差异．下面简述几位老师的教学设计．

这是初中八年级下册第十九章"一次函数"的第一节课，三位老师都从现实生活中的运动变化现象入手，引入新课，而后根据4个具体实例分析其中的常量与变量的特征，之后对概念进行辨析及应用．不同的是其中两位老师将重点放在概念的应用上，举了大量的例子，让学生找出其中的常量和变量，以及它们之间的关系，学生在学案中填空，课堂气氛略微沉闷．第三位老师将函数的发展历程穿插在引入中，因为很多数学家对于初中八年级的学生都是陌生的，所以学生兴趣盎然，整节课丰满而生动．下面仅引入部分课堂实录：

请同学们打开书第70页，今天开始，我们将学习新的一章：一次函数．要研究一次函数，首先要弄清楚什么是函数．

早在14世纪的时候，人们就注意到："万物皆变"，比如行星在宇宙中的位置随时间而变化，气温随海拔而变化，树高随树龄而变化，这样一个量随着另一个量的变化而变化的想象大量存在．数学家们开始研究这些运动变化现象中变量间的依赖关系．

但是直到1673年，莱布尼兹才首次使用"*function*"（函数）表示"幂"，后来用该词表示曲线上点的横坐标、纵坐标、切线长等曲线上点的有关几何量．

到18世纪，很多数学家比如约翰·柏努利、欧拉都给出过函数的定义："如果某些变量，以某一种方式依赖于另一些变量，即当后面这些变量变化时，前面这些变量也随着变化，我们把前面的变量称为后面变量的函数．"他们认为函数都可以用一个式子去表示．

到19世纪，柯西、傅里叶、狄利克雷打破了18世纪数学家们的定义，认为有些函数可以用式子表示，有些可以用曲线表示．

等到康托创立的集合论在数学中占有重要地位之后，奥斯瓦尔德维布伦用"集合"和"对应"的概念给出了近代函数定义．

实际上，函数是刻画现实事物变化规律的一种数学模型．

中学阶段，函数的学习分为两个阶段，初中阶段主要从变量的角度认识函数的对应关系，高中阶段从集合的角度认识函数，这也遵循了历史上函数发展的足迹．

　　初中阶段，我们将学习函数的概念、表示方法、一些基本的初等函数，比如一次函数、二次函数、反比例函数；高中阶段还将研究指数函数、对数函数、幂函数、三角函数等．一次函数是我们学习的第一个基本初等函数，它的研究方法至关重要．当然，要研究一次函数，我们必须先清楚什么是函数，为此，我们要先做点准备工作，先学习几个简单的概念．下面进入我们本节课的学习．

> ❋ **案例分析**
>
> 　　经过教师这样的介绍，学生对这一章今后学习内容的"线路图"可以有一个大致的了解，这样的教学确实起到了"先行组织者"的作用．实际上，教科书在每一章的开头都有一段话——章引言，有的还配有与本章内容配套的图片——章头图．章引言通常是对本章所涉及的内容、思想方法做一个简要的介绍，章头图往往展示本章内容在科学技术中的应用、传播数学文化等．但在教学过程中，很多教师"不舍得"花时间去研究章引言、去讲章引言，而是选择腾出时间做更多的题目，殊不知这往往会因小失大、事倍功半．章引言的教学，不仅可以使得学生对全章的学习内容总体上有一个大概的了解，以帮助学生高屋建瓴地认识学习内容，形成良好的知识结构，更能使其借此渗透一些重要的数学思想．比如三角变换这一章，在学习了两角差的余弦公式之后，"如何认识、研究这个公式"这一主题不仅可以让学生展望今后学习的内容，还能够感受数学研究问题的一般方法，于是一切都变得那样的自然．同学们不仅看到了它的"来龙"，而且知道它的"去脉"，看到的是知识的"生长"过程，感受的是逻辑，掌握的是研究问题的基本方法．教师可以引导学生自己提出许多要研究的问题，使其主动开展本章的研究．教师甚至可以把后面的课上成研究结果展示课、汇报课，这对于培养学生的能力是十分有利的.

（案例提供：北京市第十七中学魏烁、程维鹏、任伟）

四、能力训练

（一）操作要点及建议

1. 强调"自然的过程"

　　数学是自然的，数学是清楚的，数学是有用的，……，这些来自刘绍学先生主编的数学新课标教材人教 A 版"主编寄语"中的重要观点，一方面体现出先生鼓励、期盼中学生学好数学的款款深情；另一方面可以理解为先生对广大数学教师树立数学自然、清楚、有用的数学观，追求自然、朴实、流畅的数学教学，提出的较高标准．课堂教学中，"自然的过程"来源于数学知识发生发展过程和学生认知过程的融合，具体表现为对数学概念、原理的不断归纳和概括的过程.

请看下面"余弦定理"的一个教学过程：

师：在△ABC中，已知$CB=a$，$CA=b$，$a \geqslant b$. 当∠C从小到大变化时，AB的长变化趋势如何？

生：随∠C的增大而增大.

师：特别地，当∠C=0，90°，180°时，AB的长等于多少？

生：$a-b$；$\sqrt{a^2+b^2}$；$a+b$.

师：把三个结论在形式上写得更接近些，即

当∠C=0时，$AB=a-b=\sqrt{a^2+b^2-2ab\times 1}=\sqrt{a^2+b^2-2ab\cos 0}$；

当∠C=90°时，$AB=\sqrt{a^2+b^2}=\sqrt{a^2+b^2-2ab\times 0}=\sqrt{a^2+b^2-2ab\cos 90°}$；

当∠C=180°时，$AB=a+b=\sqrt{a^2+b^2-2ab\times(-1)}=\sqrt{a^2+b^2-2ab\cos 180°}$.

你能根据上述三个特例的结果猜想∠C=θ（0<θ<180°）时，AB的长是多少吗？

生：$AB=\sqrt{a^2+b^2-2ab\times\cos\theta}$.

师：很好. 大家能给出证明吗？

生：……

师：怎么不会呢？我们可以这样证明（教师板书证明过程）.

上述教学中三个特例的"统一形式"是老师以变魔术的方式变出来的，过程不自然，学生的"猜想"只是照猫画虎. 因为过程不自然，所以"猜想"是老师强加给学生的；因为没有体现"内容所反映的数学思想方法"，所以学生得到的"猜想"是没有灵魂的；因为"猜想"不蕴含思想，所以学生不会证明是自然的. 从解三角形角度，"余弦定理"就是"已知三角形的两边及其夹角，求三角形的其他边和角"，解决它的核心思想方法是将它转化为已解决的问题，如解直角三角形、利用正弦定理等.

可做如下改进：

思路1 (1)明确问题——在△ABC中，已知$AB=c$，$CA=b$和∠A，求BC；

(2)有哪些知识可用？——三角形内角和定理，勾股定理，锐角三角函数，正弦定理等；

(3)能否将问题转化为已解决的问题？如何转化？

思路2 (1)明确问题——在△ABC中，已知$|\overrightarrow{AB}|=c$，$|\overrightarrow{AC}|=b$和∠A，求$|\overrightarrow{BC}|$；

(2)有哪些知识可用？——根据向量加法的三角形法则有$\overrightarrow{BC}=\overrightarrow{BA}+\overrightarrow{AC}$，而$|\overrightarrow{BC}|^2=(\overrightarrow{BA}+\overrightarrow{AC})^2$，再由向量的数量积定义得出结果.

上述思路1反映了"解三角形"的需要，体现了"将新问题化归为旧问题"的思想，学生容易接受，但局限是仅在平面几何中转圈圈，只反映了余弦定理的一个小应用；思路2简单且视野开阔，是"用另一种眼光看问题"，蕴含着"作为相对量的线段"的思想，不仅可以"解三角形"，而且具有深远的发展空间.

2. 用问题引导学习

多元智能理论告诉我们，人的心智活动离不开实践，只有在解决问题的实践中，才能显示人的智能，只有在解决问题的过程中，才能发展人的智能. 这充分说明，"理解"不是别人"送的"，再高明的老师也无法传授"理解"！"问题导学"的重心在"学"，教师以不同的

数学问题为载体，把学生推至问题解决的主体地位，在问题解决、策略选择的过程中，更多地扮演催生知识发生、发展的角色．这样的数学学习，强化了"知识"与"能力"的联系，正如先贤陆游所云：纸上得来终觉浅，绝知此事要躬行，"问题导学"方式的核心价值也正如此．

在这样的理念指导下，我们的课堂教学应该是用"问题"来激活学生的内在动力；在问题解决中，催生新知，深化概念的理解；在运用概念、不断解决问题的过程中，把握技能，培养学生的实践能力和创新精神，增进成功的体验与自信．

"问题引导学习"是一条重要的教学原则，是改进教学方式的主要平台，而"恰时恰点的问题"则是提高教学质量的关键．"问题"既要强调课前预设，也要强调课中生成．课前预设基于教师对数学知识发生发展过程的关键点及其学生理解困难的分析，预设的问题应当围绕当前内容的本质与核心，明确具体、易于理解；课中生成的问题主要源于学生对学习内容的理解偏差，靠教师的教学机智．

例如，实数概念的教学中进行如下问题设计：

问题 1： 请同学们把两个边长为 1 的小正方形沿对角线裁开，拼接成一个大正方形，并设其边长为 x，列出关于 x 的方程．

问题 2： 利用估计数值的方法，估计方程 $x^2 = 2$ 的近似解．

问题 3： 类似方程 $x^2 = 2$ 的根这样的无限不循环小数是否只有一个？你能再举几个吗？

问题 4： 我们在小学学过"无理数"吗？当时是如何表示的？它对我们大家刚才发现的无理数表示有什么启示？

设计意图分析：很多老师讲无理数时，都是直接给出方程 $x^2 = 2$ 的解是 $x = \pm\sqrt{2}$，这样虽然很省时间，但对于学生理解实数的结构以及无理数的客观存在性非常不利．

而此处的"问题导学"，学生通过问题 1 和问题 2，可以从几何、代数两个角度，真切感受到大正方形边长的存在．在教学实践中，学生根据"$1^2 = 1$，$2^2 = 4$"，凭直觉可以判断 x 是夹在 1、2 之间的小数，进一步试数，甚至可得 $1.4 < x < 1.5$，$1.41 < x < 1.42$，…，但如果得出 x 是无限不循环小数的结论，还需要教师引导学生做出符合逻辑的推断．例如，x 如果是有限小数，或者是无限循环小数，那么它们都可化为分母不为 1 的分数，平方后都不会是 2，但 x 又是夹在 1 和 2 之间的小数，所以只能是无限不循环小数．

问题 3 的设定，旨在让学生发现无限不循环小数有无限多（学生可举例"$x^2 = 3$，$x^3 = 4$，…"），因为只有无限多才值得分类，即把无限不循环小数统称为"无理数"．问题 4 是让学生回忆小学学过的唯一无理数"圆周率"，而用"π"来表示给我们的启示是，对无限不循环（永远写不完）的数可用符号表示，此时，再给出"$x = \pm\sqrt{2}$，$x = \sqrt[3]{4}$"之类表示，将顺理成章．

（二）训练活动

(1)"三线八角"概念的核心是什么？教学难点是什么？

参考答案：

定义："两条直线"被"第三条直线所截"，得到 8 个角——对顶角、内错角、同位角、同旁内角，都是关于一对角的位置关系．关键：根据结构特征进行分类．教学难点：引导学生对图形结构特点的理解并正确地对角分类；在具体(变式)图形中正确找出有关的角.

(2)您认为不等式的基本性质"是什么"？为什么把它们称为"基本性质"？为什么要研究它们？特别是，如何才能让学生自己发现这些性质？

参考答案：

代数学的根源在于代数运算，要研讨的是如何有效、有系统地解决各种各样的代数问题；引进一种新的数(量)就要定义它的运算，定义一种运算就要研究运算律；因为字母代表数，数满足运算律，所以关于字母的运算也满足运算律；等等.这些就是数学教学中用来指导学生发现和解决代数问题的基本思想.它们是宏观的，但发挥着指路明灯的作用.例如，对字母施加运算，就要研究运算法则；由运算而得到各种代数式，就要进一步研究代数式的运算；由于运算结果必须保持原有代数式的意义不变，因此就要研究如何保证代数变换的等价性，而等式或不等式的基本性质保证了"运算中的不变性".它们为当之无愧的"基本性质"，因为它们根源于运算，体现了运算中的不变性.总之，代数教学中，应让学生体会到，从运算的角度入手是发现和提出各种代数问题的"基本套路".

五、反思评价

（一）评价标准如表1-2所示

表1-2

	合格	良好	优秀	权重
课标要求	能够准确表述国家课程标准中对学习内容的要求	基本能够按照国家课程标准中对学习内容的要求制订教学计划	能够按照国家课程标准中对学习内容的要求，制订教学计划	0.1
教材理解	能够理解教材的编写意图	能够在理解教材的编写意图的基础上，安排相关的教学内容	能够在理解教材的编写意图的基础上，安排合理的教学内容	0.2
学生基础	能够了解学生的基础和现状	能够了解学生的基础和现状，确定重点和难点	能够了解学生的基础和现状，进行学生问题诊断分析，准确确定重点和难点	0.2
教学重难点	能够确定教学重点和难点	对教学内容定位准确，确定教学重点和难点	对教学内容定位准确，科学确定教学重点和难点	0.3
教学内容整合	能够对教学内容进行适当整合	能够合理调控和整合教学内容	能够合理调控和整合教学内容，用"一般观念"引领教学	0.2
备注				

（二）考核试题

考核：

达标考核可以根据内容和实际情况采取笔试或说课答辩的形式进行考核.

(1)设计"立体几何"(初中可选择"平面几何")章引言中的教学内容,并写出设计意图.

(2)下面是"圆与圆的位置关系"的一个引入环节:

创设情境,引入课题.

教师: 今天我们要学习圆和圆的位置关系,同学们能举出一些涉及圆和圆的位置关系的生活实例吗?

(学生举出了很多例子,例如:自行车的两个车轮、奥运五环、硬币的内圆与外圆……)

教师: 大家准备如何研究圆和圆的位置关系呢?

生1: 做两个圆,看看能摆出哪些不同的位置关系.

生2: 先画好一个圆,然后再做一个圆,移动这个圆,看看与前面那个圆有哪些不同的位置关系.

教师: 同学们是否想亲自动手实验来研究圆和圆会有哪些位置关系吗?好,那大家就动手摆一摆、移一移、画一画、议一议,观察两个圆会有哪些位置关系.

讨论: 本课的教学起点在哪里?上述设计是否合理?为什么?给出您的设计.

(3)分析"圆与圆的位置关系"(可换成其他课题)一课的重点、难点及其成因,讨论突破难点的方法.

(4)结合自身教学经验,写一篇基于"科学确定教学内容"的教学案例.

专题二　有效设计教学活动

学习目标

1. 理解《标准》中"有效设计教学活动"的三个等级要求，并能够举例说明"有效设计教学活动"的含义.

2. 理解"有效设计教学活动"的操作要点，并能根据操作要点对所给教学案例进行分析.

3. 能够根据教学内容和教学目标有效设计教学活动.

高效课堂现已成为我们每一位老师的追求，新课程改革从 2001 年开始已有 16 年了，课堂已然变化了很多，但仍不尽如人意. 那么，如何进一步地改革，能让课堂教学更加高效呢? 教师应该怎么做? 能够做什么呢?

品读

从前有一个人，坐着马车在大路上飞跑. 他的朋友看见了，叫住他问："你上哪儿去呀?"他回答说："到楚国去."朋友很奇怪，提醒他说："楚国在南边，你怎么往北走呀?"他说："没关系，我的马跑得快."朋友说："马跑得越快，离楚国不是越远了吗?"他说："没关系，我的车夫是个好把式!"朋友摇摇头，说："那你哪一天才能到楚国呀!"他说："没关系，不怕时间久，我带的盘缠多."楚国在南边，他硬要往北边走，他的马越好，赶车的本领越大，盘缠带得越多，走得越远，就越到不了楚国.

故事中的人想到达南方，车子却向北行，比喻行动和目的正好相反. 这个故事告诉我们，无论做什么事，只有先看准方向，才能充分发挥自己的有利条件; 如果方向错了，那么有利条件只会起到相反的作用. 用到教学上就是说，教学活动如果与教学目标相背离，那么活动再"好"，也是无效的.

一、热身活动

我们知道，教师的专业能力主要由教学设计能力、教学实施能力和教学反思能力组成。教学设计是教师的基本功，其中设计教学活动是一项重要的工作。教学活动是师生为了达到教学目的而采取的行为系统，包括教师的"教"和学生的"学"这两种基本行为，其中学生的学习行为是教学活动的主体，教师的教导行为是教学活动的辅助，通过"教"促进"学"，通过学生的"学"促进学生的发展。好的教学活动不仅能保证教师顺利地教，而且还能保证学生高质量地学。可以说，教学活动的设计直接影响到教学效果。

活动1：设计体验，交流认识

请老师们根据教材"§5.2.2 平行线的判定"设计课堂教学活动，设计要体现你对"教学活动"的最新的理解。然后与同伴简单交流，分享你对"设计教学活动"的认识。

根据平行线的定义，如果平面内的两条直线不相交，就可以判断这两条直线平行。但是，因为直线无限延伸，检验它们是否相交有困难，所以难以直接根据定义来判断两条直线是否平行。那么，有没有其他判定方法呢？

思考：

我们以前已学过用直尺和三角尺画平行线（见图 2-1）。在这一过程中，三角尺起着什么样的作用？

图 2-1

简化图 2-1 得到图 2-2。可以看出，画直线 AB 的平行线 CD，实际上就是过 P 画与 $\angle 2$ 相等的 $\angle 1$，而 $\angle 2$ 和 $\angle 1$ 正是直线 AB、CD 被直线 EF 截得的同位角。这说明，如果同位角相等，那么 $AB /\!/ CD$。

一般地，有如下利用同位角判定两条直线平行的方法：

判定方法 1：两条直线被第三条直线所截，如果同位角相等，那么这两条直线平行。

简单说成：同位角相等，两直线平行。

如图 2-3 所示，你能说出木工用图中的角尺画平行线的道理吗？

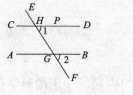

图 2-2

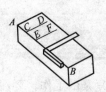

图 2-3

活动2：再次对比，深入分析

我们来看一位教师设计的教学活动。

1. 动手画图

(1)如图2-4所示，已知直线 AB 和直线 AB 外一点 P，试过点 P 画直线 AB 的平行线.

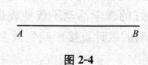

图2-4

(2)如果只有一块三角板，你能画出平行线吗？

2. 思考概括

(1)画图过程中，哪两个角相等？这两个角有怎样的位置关系？

(2)画图依据了一个大家公认的事实，请你试着描述它.

对比不同的设计，思考有效的教学活动应具备怎样的特点．请大家根据自己的理解和经验，结合自己的设计谈谈你对有效教学活动的认识.

编者的话

　　有效设计教学活动，是指教师在设计教学内容的呈现方式、学生学习活动的方式时，应考虑与教学目标的对应关系，一切教学活动设计的出发点和归宿都应该有利于教学目标的达成.

　　数学课程目标的整体实现，是通过教学过程展开的．数学教学活动要重视过程，突出重点．活动的基本特点之一个是"动"：手动、体动、脑动；另一个是"活"：多样才能活，对比才能活，需要根据学生和数学内容的特点设计相应的教学活动，让学生去经历、去体验、去猜测、去验证、去交流讨论等.

　　有效的教学活动是学生学与教师教的统一．教学活动是在"教"和"学"这两种基本行为中展开的，这两种行为有共同的目的指向——教学目标，而这两种行为的对象即数学教学内容．简单地看，只要使两种行为在数学内容固有的逻辑运行轨道上达到一致，教学活动就是有效的.

二、标准解读

　　教学是一项非常复杂的工作，要在有限的时间内完成一定的教学任务，实现既定的教学目标，作为教的主体的教师，就必须进行精心的安排和科学地制订教学计划．如教学无计划或教学活动没有进行设计，教学工作就会有很大的盲目性和随意性，自然就无法取得预期的教学效果.

《标准》对"有效设计教学活动"的界定如表 2-1 所示.

表 2-1

关键表现领域	能力要点	合 格	良 好	优 秀
教学过程设计能力	有效设计教学活动	能够围绕教学目标设计教学活动,并能够设计对教学活动完成情况的检测方案	能够围绕教学目标设计具有连贯性的教学活动,并能够有针对性地设计对教学活动完成情况的检测方案	能够设计激发学生思维和情感的教学活动,并能够对课堂可能生成的问题设计预案

从上面的等级要求,我们可以发现,教师设计教学活动的出发点是既定的教学目标,教学目标是定位到哪里去,教学活动则是要解决怎样去到那里. 不仅如此,教师还要分析教学内容的内在逻辑和学生的思维水平,弄清楚学生应该做什么、能够做什么和怎样做才能实现教学目标,从而设计出具有连贯性的教学活动.

教学是预设和生成的统一体,仅仅重视课前教学预设是不够的,要想达到理想效果,还应尊重学生的主体性,重视学生在学习活动中的情感表现;遇到课堂上可能生成的问题,要能够站在学生的角度,合理调整教学,使课堂教学最优化.

(一)要点注释

教学活动是师生为了达到教学目的而采取的行为系统,设计教学活动的目的是依据教学内容与教学目标,选择与安排各项"教"与"学"的活动,以达到最高的学习成效与预期目标.

在数学教学活动中,学生是学习的主体,教师是学习的组织者、引导者与合作者. 数学教学最终要实现的是师生的共同发展,因此数学教学应根据具体的教学内容和相应的教学目标,精心设计教学过程,使学生在获得间接经验的同时也能够有机会获得直接经验,即从学生实际出发,创设有助于学生自主学习的问题情境,引导学生通过实践、思考、探索、交流等,获得数学的基础知识、基本技能、基本思想、基本活动经验,促使学生主动地、富有个性地学习,不断提高发现问题和提出问题及分析问题和解决问题的能力.

(二)要素提炼

1. 围绕教学目标设计教学活动

《标准》对合格教师设计教学活动能力的达标要求是教师设计的每一项教学活动都应指向教学目标的达成.

教学目标是课堂教学的核心和灵魂,是课堂教学的出发点和归宿. 有效的教学始于明确的目标. 数学教学不是把现成的结论教给学生,而是数学活动的教学,要引导学生自己寻求知识产生的起因,探索它与其他事物的联系,在探索过程中形成概念、寻求规律、获得结论.

例如,"零指数"的教学,教学目标不仅要包括了解零指数幂的"规定"、会进行简单计算,而且要包括感受这个"规定"的合理性,并在这个过程中学会数学思考、感悟理性精神. 围绕以上教学目标,可以引导学生经历如下的过程:

(1)揭示矛盾. $2^3 \div 2^3 = 8 \div 8 = 1$,若应用关于正整数指数幂的运算性质,则 $2^3 \div 2^3 =$

$2^{3-3}=2^0$，2^0是什么意义呢？提出猜想——规定：$2^0=1$.

(2)通过不同的实例说明这个"规定"的合理性.

(3)理解"$a^0=1(a\neq0)$"的规定与原有知识体系是和谐的，学生就可以认识指数概念和运算性质的扩充.

本书设计并组织学生参与面对挑战进行思考—提出"规定"的猜想—通过各种途径说明"规定"的合理性—做出"规定"—验证这种"规定"与原有知识体系无矛盾—指数概念和性质得到扩展等一系列的数学活动，体现了课程目标在课堂教学中的整体落实[①].

教师是教学过程中"教"的主体，必须根据学生的实际，依据一定的教学目标，选取适当的教材，对教学内容进行加工，对教学事件进行合理安排.

2. 有检测方案

教师设计的每一项教学活动都应指向教学目标的达成，避免教学活动盲目追求花样翻新而忽视实际效果的情况出现，为了检验教学活动的完成情况及效果，教师要能设计相应的检测方案.

例如，在学生完成"数轴"的概念学习后，教师安排以下检测题来检测教学效果.

(1)在数轴上，表示$+2$的点在原点的____侧，距原点____个单位长度；表示-7的点在原点的____侧，距原点____个单位长度；这两点之间的距离为____个单位长度.

设计意图：检测学生对数轴的正方向和单位长度的理解.

(2)画出数轴并表示下列各数：$+3$，0，$-3\frac{1}{4}$，$1\frac{1}{2}$，-3，-1.25.

设计意图：检测学生对数轴的概念及用数轴上的点表示有理数的掌握情况.

(3)小明的家门口(记为A)，他上学的学校门口(记为B)以及书店门口(记为C)依次坐落在一条东西向的大街上，A位于B西边300米处，C位于B东边$1\,000$米处．小明从学校门口出发，沿这条街向东走400米，接着又向西走了700米到达D处，试用数轴表示上述A、B、C、D的位置.

设计意图：检测学生利用数轴上的点及对应的有理数表示实际问题中的物体的位置的掌握情况，原点的选择决定点的坐标的不同结果.

3. 教学活动具有连贯性

对学生而言，数学学习过程是一个知识的"发现"过程．一般情况下，由于认知水平的限制，学生不易独立地完成"再发现"过程，而需要通过教师的启发引导．实际上，没有教师的启发引导，学习的质量和效益都是无法保证的．因此，教师在备课时所安排的教学活动要具有逻辑性和连贯性.

例如，在学习"经过三点的圆"时，教师让学生作圆：

(1)经过一个已知点A能不能作圆？这样的圆能作多少个？

(2)经过两个已知点A、B能不能作圆？如果能，圆心分布有什么特点？

(3)经过不在同一条直线上的三个点A、B、C能不能作圆？如果能，如何确定所作圆

---

① 义务教育数学课程标准修订组．义务教育数学课程标准(2011年版)解读[M]．北京：北京师范大学出版社，2012：127-128.

的圆心？

我们来分析三次作圆的过程，"经过一点作圆"与"经过两点作圆"其实质都是圆心和半径不确定．由于作圆要经过已知点，因此当圆心确定后，半径也就随之确定了，这时作圆的问题就转化为确定圆心的问题．有了这样的体会，就为后面过三点作圆做好了准备．

"经过两点 A、B 作圆"，由于所作圆的圆心到 A、B 两点的距离相等，因此圆心在线段 AB 的垂直平分线上，这一活动结果，又为后面过三点作圆提供了确定圆心的思路．可见，这样的三次作圆是具有内在逻辑性和连贯性的教学活动，不仅能够让学生发现"不在同一条直线上的三个点确定一个圆"的结论，而且帮助学生积累了过已知点作圆的解题方法和思维经验，提高了课堂教学质量．

教学活动只有合乎学生认知的发展规律，做到层层深入、环环相扣，才能使学生的思维在连贯、流畅中逐渐走向深入．

4. 教学活动要能够激发学生的思维和情感

教学过程是学生认识发展的过程，更是学生情感发展的过程．教师设计的教学活动最佳效果是学生思维的深刻参与、情感的高度投入．

我们来看一位教师设计的"等腰三角形的判定"的课堂教学活动：

师：(1)我们已经学习了等腰三角形的性质，哪位同学来叙述一下？

(2)很好．下面有这样一个问题：如图 2-5(a)所示，$\triangle ABC$ 是等腰三角形，$AB=AC$，倘若一不留心，它的一部分被墨水涂没了，则只留下底边 BC 和一个底角 C(见图 2-5(b))，同学们想一想，有没有办法把原来的等腰三角形 ABC 重新画出来．

生 1：先用量角器量出 $\angle C$ 的度数，然后以 BC 为一边，B 为顶点，在 $\angle C$ 的同侧画 $\angle B=\angle C$，$\angle B$ 和 $\angle C$ 的一边相交得到顶点 A.(见图 2-5(c))

生 2：取 BC 边上的中点 D，过点 D 画 BC 的垂线，与 $\angle C$ 的一边相交于点 A，连接 AB.(见图 2-5(d))

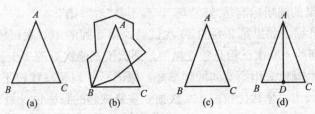

图 2-5

师：很好！刚才我看了一下，同学们大都想出了上面两种画法．同学们，你们肯定认为这样画出来的三角形都是等腰三角形．那么为什么是等腰三角形呢？这就是我们今天所要学习的内容——等腰三角形的判定．

第一种画法正好可以得出这节课要学的判定定理．第二种画法则是应用了线段垂直平分线的性质．这里，等腰三角形的判定定理不由教师给出，而是让学生凭经验画图，那么画出的图形究竟是不是等腰三角形呢？产生了问题，然后从问题出发来学习判定定理．这样做，学生改变了被动接受的状况，因此，其学习的兴趣和积极性大有提高．

现在大多数教师都能够认识到"关注学生情感态度的发展"的重要性，但是许多教师往往停留于空洞的说教,或者习惯于单独地讲授,并不善于在教学活动中贯彻这一目标.通过以上课例的学习,希望教师们能够加强反思,不断提高设计教学活动的能力.

5. 能对课堂可能生成的问题设计预案

实施教学方案,是把"预设"转化为实际的教学活动.在这个过程中,师生双方的互动往往会"生成"一些新的教学资源,这就需要教师能够及时把握,因势利导,适时调整预案,使教学活动收到更好的效果.

《标准》对优秀教师设计教学活动能力的要求是:能够设计激发学生思维和情感的教学活动,并能够对课堂可能生成的问题设计预案,即教师要对学生课堂上的生成具有很强的预见性.

教学中,由于教师的预设不够造成的教学"尴尬"屡有发生,而此时又有相当一部分教师以"时间关系,这个问题课后再做研究"匆忙搪塞过去.殊不知这样的"意外"都是学生思考和创新的结果,教师应该心中有数并能够巧妙解答.

例如,在学习"用频率估计概率"时,课堂实时收集了抛硬币试验数据(见表 2-2),观察表 2-2 中数据,学生根据"频率的稳定值就是概率"得出抛掷一枚质地均匀的硬币出现正面向上的概率是 0.520,而不是教师所预期的 0.500,此时该怎样给学生解释呢?

表 2-2

抛掷次数 n	50	100	150	200	250	300	350	400
"正面向上"的频数 m	24	54	85	109	125	157	182	208
"正面向上"的频率 $\frac{m}{n}$	0.480	0.540	0.567	0.545	0.500	0.523	0.520	0.520

首先要让学生理解仅从试验无法知道频率的稳定值是多少,数据具有随机性;其次要让学生明白频率总可以作为概率的估计,只是试验次数的多少会影响估计的精度.教学中把握住统计学对结果的判断标准是"好""坏",而不是"对""错".

对于表 2-2 的数据,如果第 2 列的 50 次试验,第 3 列的 100 次试验,……,第 8 列的 350 次试验与第 9 列的 400 次试验是独立做的,那么按试验次数的多少各列频率作加权平均的值估计概率的方法就比只用第 9 列的频率好,原因是各列频率加权平均的值相当于 1 800 次独立重复试验的频率,显然比仅用 400 次独立重复试验的频率估计概率的方法好.

如果表中第 2 列的 50 次试验是第 1 小组做的,第 3 列的 100 次试验是第 1 小组和第 2 小组合计的结果,……,第 9 列的 400 次试验是所有 8 个小组合计的结果,那么用最后一列的频率估计概率的方法就是最好的.

三、案例分析

案例 2-1

适合学生的活动才有效——勾股定理的发现.

活动 1：问题引入

请同学们思考下面的问题：

(1)什么是正方形？

(2)将一张 A4 纸剪成四个全等的直角三角形纸片，拼拼搭搭(不能重叠)，能拼出一个正方形吗？有几种拼法？

活动 2：实践操作，探寻解答

用四个全等的直角三角形可拼出如下的多种正方形(见图 2-6)，教师在此基础上引导学生思考：

哪种拼搭得到的正方形面积最大？让学生观察发现面积最大的正方形(见图 2-6(a))．

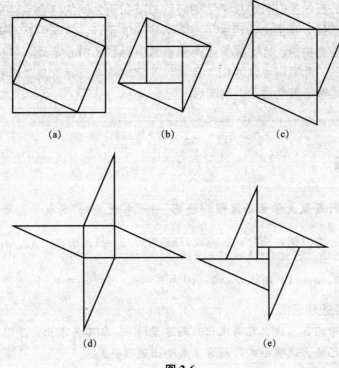

图 2-6

活动 3：计算比较，发现定理

如何计算这个最大正方形的面积？

学生给出不同的计算方法，得到面积的不同表达式，通过比较发现勾股定理．

设直角三角形直角边分别为 a、b，斜边为 c，计算最大正方形的面积为 $(b+a)^2$；另外，这个正方形的面积也可以看成由中间的小正方形和四个直角三角形组成，因此面积也可以这样计算：$c^2+4\times\dfrac{1}{2}ab.$ 这两个式子都表示这个正方形的面积，因此这两个式子相等，于

是得到 $a^2+b^2=c^2$.

活动4：交流思考

在活动最后，留下思考问题：古人是如何证明勾股定理的？将活动延伸到课后，让学生查阅资料，探寻古今中外对这一定理的证法，从而加深对这一定理的理解[①].

> ✳ **案例分析**
>
> 　　众所周知，勾股定理的教学有难点，首先是定理的发现难，让学生独立"再发现"勾股定理是困难的；其次是定理的证明难，让学生比较"自然地"想到证明方法也是相当困难的．那么如何设计本节课的教学活动以使学生达到课程目标的基本要求呢？
>
> 　　事实上，分析学生已有的数学活动经验与新知识之间的结合点，是设计有效数学活动的前提．基于此，产生了上面案例中的设计，从学生熟悉的正方形入手，让学生剪剪拼拼、比比算算，不知不觉中得到了勾股定理，这样的教学活动就是有效的．此案例也让我们体会到，既定的教学目标既是数学教学活动的出发点，又是数学教学活动的落脚点．

▰▰▰ 案例 2-2

用数学问题激发学生的思维和情感——"等比数列"的教学活动设计

师： 我们来看一个引例：$\dfrac{a_n}{a_{n-1}}=2(n\geq2,\ n\in \mathbf{N})$，$a_1=1$，求 a_2、a_3、a_4、a_{100}.

生： 因为 $\dfrac{a_2}{a_1}=2$，$a_1=1$，所以 $a_2=2$；因为 $\dfrac{a_3}{a_2}=2$，所以 $a_3=4$；因为 $\dfrac{a_4}{a_3}=2$，所以 $a_4=2a_3=8$，但 a_{100} 不能很快求出.

师： 前面问题中的 a_{2016} 这么容易求出，而这里的 a_{100} 都不易求出，原因何在？

生： 前面问题已给出通项公式，而这里未给出通项公式.

师： 看来，要很快地求出本题中的 a_{100}，首先要探求等比数列的通项公式，那么等比数列的通项公式是怎样的呢？能否从求 a_2、a_3、a_4 中得到某种启示？

生： $a_2=a_1\cdot q$，$a_3=a_2\cdot q=a_1\cdot q^2$，$a_4=a_3\cdot q=a_1\cdot q^3$，猜想 $a_n=a_1\cdot q^{n-1}$.

师： 这位同学提出了等比数列通项公式的一个猜想，让我们用本课开始给出的三个等比数列加以验证.

生： 对于"例1"按此猜想，应有 $a_n=1\cdot 2^{n-1}=2^{n-1}$，则 $a_1=1$，$a_2=2$，$a_3=4$，$a_4=8$，

---

① 教育部基础教育课程教材专家工作委员会．义务教育数学课程标准(2011年版)解读[M]．北京：北京师范大学出版社，2012：254-255.

正确；对于"例 2"按此猜想，应有 $a_n = 5 \cdot 5^{n-1} = 5^n$，则 $a_1 = 5$，$a_2 = 25$，$a_3 = 125$，$a_4 = 625$，正确；对于"例 3"按此猜想……

师： 通过上述三例的验证，进一步增强了猜想的可信度，但要肯定它正确，必须证明．哪位同学来证明？若不能证明，能否有其他方法求通项公式？

生： 由 $\dfrac{a_n}{a_{n-1}} = q$，可知 $\dfrac{a_2}{a_1} = q$，$\dfrac{a_3}{a_2} = q$，…，$\dfrac{a_n}{a_{n-1}} = q$，将以上各式左、右两边分别相乘，得

$\dfrac{a_2}{a_1} \cdot \dfrac{a_3}{a_2} \cdot \dfrac{a_4}{a_3} \cdot \cdots \cdot \dfrac{a_n}{a_{n-1}} = q^{n-1}$，即 $\dfrac{a_n}{a_1} = q^{n-1}$，所以 $a_n = a_1 \cdot q^{n-1}$，$n = 2$，3，…，又当 $n = 1$ 时，

左边 $= a_1$，右边 $= a_1 \cdot q^{n-1} = a_1$，公式也适用，故通项公式是 $a_n = a_1 \cdot q^{n-1}$（$n = 1$，2，3，…）．

师： 同学利用递乘的方法证明了猜想的正确性，递乘消去的方法在这里体现了极大的优越性，应充分引起我们的重视．当然，递乘不是证明通项公式的唯一方法，等我们学完了数学归纳法以后，我们还可以利用数学归纳法对猜想给出证明．我们把这个结果称之为等比数列的通项公式，即 $a_n = a_1 \cdot q^{n-1}$（$a_n \neq 0$，$q \neq 0$，$n \in \mathbf{N}^+$），有了等比数列的通项公式以后……

✻ 案例分析

　　设计教学活动的基本要求是围绕教学目标．以上活动的设计不仅关注了知识与过程的教学，还关注了学生的认知规律和学习情感．首先让学生认识探究等比数列通项公式的必要性，再引导学生从特殊到一般的归纳猜想；然后验证猜想并提升认识，从而使学生的思维和情感在获得知识的过程中得到进一步发展，进而达到优秀的水平：能够设计激发学生思维和情感的教学活动．

///案例 2-3

设计预案，精彩生成——"三角形内角和定理"的教学意外

师： 如图 2-7 所示，用橡皮筋构成 $\triangle ABC$，其中点 B、C 为定点，A 为动点，放松皮筋后，点 A 收缩，产生一系列的三角形：$\triangle A_1 BC$，$\triangle A_2 BC$，…，$\triangle A_n BC$，请观察其内角和会发生怎样的变化？

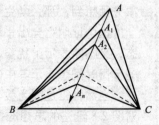

图 2-7

生 1： 内角和等于 $180°$．

师： 好，你是怎样观察出来的？

生 1： 我不用观察，以前知道这个结论．

师： 那让我们探究一下三角形的内角和为什么是 $180°$．

生 1： 不用探究，这是定理，记住结论就可以了．

师： 教师随手在黑板上分别画了一个钝角三角形和一个直角三角形，问学生 1，这两个三角形的内角和是否相等？

生 1： 这不好说．

师：是的，以前介绍过三角形的内角和等于$180°$，但没有证明，因为试验可能会有误差，无穷个三角形也不能逐一检验，所以我们要给出一个严格的证明.

生2：通过图2-7，看到当点A接近于BC时，$\angle B$、$\angle C$接近于$0°$，而$\angle A$接近于$180°$；合起来，三角形内角和接近于$180°$；同时，这个图形还告诉我们，这个结论怎样证明.

师：你说说证明.

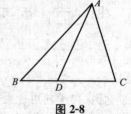

图 2-8

生2：设三角形的内角和为x度，在BC上取一点D（相当于点A的运动终点），连接AD（见图2-8），则有：

在$\triangle ABD$中，$\angle BAD+\angle B+\angle ADB=x$，①

在$\triangle ADC$中，$\angle CAD+\angle C+\angle ADC=x$，②

①+②得$\angle BAC+\angle B+\angle C+(\angle ADB+\angle ADC)=2x$.

又知$\angle BAC+\angle B+\angle C=x$，$\angle ADB+\angle ADC=180°$，代入得$x+180°=2x$，得$x=180°$.

师：证明出来了，同学们好好看一看，做得对不对？

学生沉默片刻之后，大多数表示认可，确实，一旦承认"三角形内角和为定值"，那么整个证明就无懈可击了.

师：是的，仔细审核每一步都推理有据，计算准确，但是，为什么$\triangle ABD$，$\triangle ACD$，$\triangle ABC$内角和都是x呢？教材中没有这样的定理，因此，还要先证明"三角形的内角和为定值"．不过，这个方法向我们提供了一个思路，通过图中三角形的关系，利用平角等于$180°$来证明……①

✳ 案例分析

　　案例中，教师对定理的教学进行了精心设计，殊不料"突发事件"屡屡发生．教师的主观意图是让学生看到：$\angle B \to 0°$，$\angle C \to 0°$，$\angle A \to 180°$，这既孕育着极限的思想，又诱发出$\angle A+\angle B+\angle C=180°$，但是，学生1直接答出内角和等于$180°$．面对这一突发事件，老师有点失落，但立即做出调整，舍去"结论发现"的启发，马上转入"结论证明"的发现．如果说，这样的"突发事件"教师可以事先预想到，那么学生2的"错误证明"恐怕是始料未及的.

　　这个证明完全出乎教师的意料，一时间自己也弄不清正误，既无法立即表态，又不能表示出犹豫，机智的教师选择了"推迟判断"，并利用这段甩给学生的宝贵时间想通了其中的原委，成功地化险为夷.

　　当然，正是因为教学设计的具体情境引发了两次突发事件，也是教师缺乏对图2-8证法的思想准备，所以形成了"不知如何是好"的教学困境．这启示我们，教师要对课堂可能生成的问题有预见性，备好相应的预案，并能够在教学实践中打破思维定式，凭借自己的经验，巧妙艺术地解决学生提出的问题，让自己的教学智慧在教学活动中发挥作用，把课堂生成的问题化为一个个精彩.

---

①　罗新兵，罗增儒．专家报告：特色、创新与教学智慧[J]．中学数学教学参考，2015，6-7.

四、能力训练

（一）训练要点

(1)学习课标，正确认识数学教学活动；研读教材，理解好教学内容.

(2)具备明确的目标意识，设计教学活动前，要问问自己：课程目标是什么？单元目标是什么？本节课的目标是什么？

(3)分析学情，选择合适的教学方法.

(4)根据目标和内容，确定教师与学生的活动；根据教学进程的变化，准备相关的预案.

（二）训练方法

1. 案例分析法

对已有的教学设计进行分析，分析教学活动是否有利于实现教学目标、是否具有连贯性.

2. 说课法

在前面案例分析的基础上，对于给出的课题设计教学活动，然后进行说课，并说明活动意图.

3. 微格研讨法

在前面说课的基础上，以 4～6 人为一个小组，其中每位学习者扮演教师角色一次，组织实施所设计的教学活动，其余学习者扮演学生角色进行训练，实施后进行小组研讨.

4. 课堂观察法

立足校本培训，学员在自己单位开展教学实践．课后备课组教师一起研讨，课后及时进行反思，必要时进行"同课异构"的对比研究.

（三）训练活动

活动：分析交流

下面是九年级"圆与圆的位置关系"的教学活动设计，试从"围绕教学目标"和"具有连贯性"两个角度分析并交流，进而提出改进方案.

环节一：创设情境，引入课题

师：今天我们要学习圆和圆的位置关系．同学们能举出一些涉及圆和圆的位置关系的生活实例吗？

学生举出了很多例子，例如：自行车的两个车轮、奥运五环、硬币的内圆与外圆……

师：大家准备如何研究圆和圆的位置关系呢？

生1：做两个圆，看看能摆出哪些不同的位置关系.

生2：先画好一个圆，然后再做一个圆，移动这个圆，看看与前面那个圆有哪些不同的位置关系.

师：同学们是否想亲自动手试验来研究圆和圆会有哪些位置关系呢？好，那大家就动手摆一摆、移一移、画一画、议一议，观察两个圆会有哪些位置关系.

环节二：探索决定位置关系的关键因素.

学生各自动手摆出各种位置关系.教师要求通过小组合作交流、展示，完善两圆的各种位置关系，并让学生说出所有位置关系.

师： 决定不同位置关系的关键因素是什么呢？

生3： 决定两圆位置关系的关键因素是公共点的个数.两个圆公共点的个数可能为0个、1个或2个.

生4： 公共点为0个时可能出现两种情况，一个圆上的点都在另一个圆的外部，或有一个圆上的点都在另一个圆的内部.

生5： 公共点个数为1时，也应分成两种情况.

师： 大家分得很清楚.能给这些位置关系命名吗？

学生说出外离、内含、外切、内切和相交等.

师： 下面请同学们观察屏幕上的动画(课件：两圆的位置关系演示)，看看都有哪些位置关系.有大家刚才发现的位置关系吗？

教师演示了两个课件.一个是两圆半径保持不变，两圆的圆心距逐渐变小，再逐渐变大；另一个是保持两圆的圆心距不变，一个圆的半径不变，另一个圆的半径逐渐变大，再逐渐变小.

经过课件的观察，教师引导学生再次整理不同的位置关系，按照外离、外切、相交、内切、内含的顺序给出.

环节三：试用圆心距、半径间的关系描述两圆位置关系.

师： 由点和圆的位置关系、直线和圆的位置关系的判定，大家想一想，圆和圆的位置关系是否也可由数量关系来判断？大家分组讨论一下.

学生6人一组开展讨论.讨论后，教师让各组派代表说明.在此基础上，教师总结得出：

设两圆半径分别为 R、r，圆心距为 d. 那么

(1)$d>R+r \Leftrightarrow$ 两圆外离；

(2)$d=R+r \Leftrightarrow$ 两圆外切；

(3)$R-r<d<R+r(R \geqslant r) \Leftrightarrow$ 两圆相交；

(4)$d=R-r(R>r) \Leftrightarrow$ 两圆内切；

(5)$0 \leqslant d<R-r(R>r) \Leftrightarrow$ 两圆内含.

环节四：辨析.

教师： 请大家思考如下问题：

(1)为什么"外离""外切"对半径没有限制条件，而"相交""内切""内含"对半径有限制条件？

(2)在"内切"和"内含"中，$R>r$ 指的是什么？

(3)为什么"相交"有 $R=r$ 的条件？而"内切"和"内含"没有？

(4)"内含"时为什么要添上 $d \geqslant 0$？$d=0$ 是什么含义？

学生的回答比较混乱，道理说不清楚.由此可以看出，学生并没有掌握用两圆的半径、

圆心距刻画两圆位置关系的方法.

环节五：练习巩固.

例1　已知⊙O_1，⊙O_2的半径为r_1、r_2，圆心距$d=5$，$r_1=2$.

(1)如果⊙O_1与⊙O_2外切，求r_2；

(2)如果$r_2=7$，那么⊙O_1与⊙O_2有怎样的位置关系？

(3)如果$r_2=4$，⊙O_1与⊙O_2又有怎样的位置关系？

这是一道课本例题．教师采取让学生先动手解决，再让学生说出答案的方式进行教学．因为可以套用前面的结论，所以能够比较顺利地完成本例的教学．但笔者发现，也有学生采用作图的方法，由此可以判断，这部分学生并没有掌握量化的方法.

例2　根据条件填写表2-3.

表2-3

两圆位置关系	R	r	d
外离	9	3	
外切	6		10
相交	7	4	
内切		7	3
内含	5	4	

这是教师补充的题目．仍然采用学生先做、再全班交流的方式进行教学．笔者观察学生的解答，发现很多学生出现不全面的回答，全班交流时也一样.

生6：内切时$R=10$，因为$10-7=3$.

师："对吗？"

很多学生回答"对".

生7：我觉得还有一种情况，$R=4$，因为$7-4=3$.

师：大家同意吗？为什么会出现两种情况呢？

生7：R可能比7大，也可能比7小.

师：对！我再问一个问题：如果$r=2$，$d=3$，R应该是多少呢？

生8：只能为5．因为5与2的差是3，而2比3小，所以不可能是两圆中大的圆.

师：很好！能否结合图形来说明呢？

生8：画一条长为3的线段．以一个端点为圆心，2为半径画圆，另一个端点在圆外．所以，半径为2的圆不可能在另一个圆的外部，也就不可能是大圆.

师：对！利用数量关系判断时，如果再结合图形来思考，理解会更加深刻．数形结合是一种重要的数学思想.

环节六：课堂小结.

师：今天我们学习了两圆的位置关系，请同学生思考一下，通过学习，你有哪些收获？

除列出知识点外，学生还给出了一些宏观的回答，如：要注意应用数形结合的思想，要注意分类讨论，要注意联系实际等.

师：同学们说得都很好．回顾本课的学习过程，我们首先从实际中发现两圆的各种位置关系；然后通过动手操作，对两圆的各种位置关系有了感性认识；通过理性思考，发现了两圆的位置关系取决于它们公共点的个数；从我们的课件演示中可以感受到，变化的过程中两圆半径和圆心距的变化；在此基础上，我们得到了用圆心距、两圆半径的大小刻画两圆各种位置关系的方法．正如同学们说到的，解决问题时，要注意运用数形结合、分类讨论的数学思想①．

五、反思评价

（一）有效设计教学活动能力评价（见表2-4）

表 2-4

要　素	评价指标			权重
	合格	良好	优秀	
目标明确	能够围绕教学目标设计大部分教学活动	能够围绕教学目标设计教学活动	能够围绕教学目标有针对性地设计教学活动	0.3
检测方案	能够设计对教学活动完成情况的检测方案	针对性地设计对教学活动完成情况的检测预案	能够对课堂生成的问题设计预案	0.3
连贯性	教学活动设计较连贯	能够围绕教学目标设计具有连贯性的教学活动	能够围绕教学目标设计具有内在逻辑连贯性的教学活动	0.2
激发学生思维和情感	有激发学生思维和情感的教学活动的意识	有激发学生思维和情感的教学活动的评价意识	有激发学生思维和情感的教学活动的评价手段	0.2

（二）考核试题

（1）《标准》对"有效设计教学活动"良好层次的要求是：能够围绕教学目标设计_____的教学活动，并能够有针对性地设计对教学活动完成情况的_____．

（2）结合自身教学实践和学习认识，选一节公式课，先制定教学目标，再设计教学活动．

---

① 章建跃．使学生在逻辑连贯的学习过程中学会思考．www.pep.com.cn.2015－01－28.

专题三 营造良好的学习环境

学习目标

1. 理解并能陈述《标准》中"营造良好学习环境"的三个等级要求.

2. 知道并关注影响学习环境的一些因素,在创设良好课堂学习环境中做到有的放矢.

3. 能够根据数学教学内容和学生的学情创建积极的数学课堂学习环境.

品读

孟母三迁(汉语成语)

原文

邹孟轲母,号孟母.其舍近墓.孟子之少时,嬉游为墓间之事,踊跃筑埋.孟母曰:"此非吾所以居处子."乃去,舍市旁.其嬉游为贾人炫卖之事.孟母又曰:"此非吾所以处吾子也."复徙居学宫之旁.其嬉游乃设俎豆,揖让进退.孟母曰:"真可以处居子矣."遂居.及孟子长,学六艺,卒成大儒之名.君子谓孟母善以渐化.

译文

孟子的母亲,世人称她孟母.孟子小时候,居住的地方离墓地很近,孟子学了些祭拜之类的事,玩起办理丧事的游戏.他的母亲说:"这个地方不适合孩子居住."于是将家搬到集市旁,孟子学了些做买卖和屠杀的东西.母亲又想:"这个地方还是不适合孩子居住."又将家搬到学宫旁边.孟子学会了在朝廷上鞠躬行礼及进退的礼节.孟母说:"这才是孩子居住的地方."就在这里定居下来了.

启发

孟母三迁的故事告诉我们良好的人文环境对人的成长及品格的养成至关重要.孟子后来成为大学问家,与社会环境对他的熏陶感染有很大关系.

环境造就人才,环境也淹没才人.社会环境、家庭环境、学校环境与一个人,特别是青少年的成长有直接的关系.同样,课堂的学习环境与学生的学习密切相关,一个良好的学习环境对于学生的发展起着不容忽视的作用.

活动1：问题思考

情景模拟

(1)假如当我们走进教室，发现教室里桌椅不整、地面较脏时，心情如何？我们会采用什么样的处理方式？

思考： 在处理这种事之前，我们想过学生的感受没有？这样的环境对学生的学习有没有影响？

(2)如果课间在楼道里刚刚怒气冲冲地处理完班级出现的一件事情，或今天因为一些事情十分烦躁，而此时上课铃响了，我们是怀着怎样的心情走进教室的？

思考： 在这种事发生的时候，我们观察过学生的眼光吗？教师的情绪，对学生的学习有影响吗？

(3)假如课正讲在兴致上，一位学生的手机铃声大响起来，课堂一时哄然，我们会采用什么样的处理方式呢？

思考： 在处理这种事情的时候，我们注意过学生的反应吗？教师的处理方式对学生接下来的学习会有什么样影响？

活动2：问题探讨

以上几件发生在课堂上的小事，多数教师可能都遇到过，现在请教师们先独立思考一下，然后：

(1)教师们相互交流体会.

(2)说说影响课堂学习环境的因素都有哪些.

活动3：阅读、探讨、反思

"7.1.1 有序数对"教学片段

师： 我们已经知道有序数对和它的表示方法，利用有序数，可以明确地表示出一个位置. 生活中利用有序数对表示位置的情况是很常见的，你能举出一些例子吗？

学生活动： 举例，如用经纬度来表示地球上的点等.

师： 同学们都学得很好，现在老师有句话要送给大家，这句话的每个字就在下面的这段文字里，分别是(2，8)、(9，8)、(3，7)、(10，3)、(6，2)、(7，2)，(注：规定先横后纵)请你按顺序分别找出来，如表3-1所示.

表 3-1

	1	2	3	4	5	6	7	8	9	10
8	有	人	说	：	浮	云	只	有	生	于
7	伟	丽	需	青	山	之	侧	，	才	能
6	成	就	它	飘	逸	与	婀	娜	；	明
5	月	只	有	有	于	广	袤	的	蓝	天
4	之	中	，	才	可	以	显	示	它	的
3	清	纯	与	多	姿	；	而	人	只	要
2	置	与	刻	苦	与	勤	奋	之	中	，
1	才	能	成	就	自	己	的	理	想	.

学生活动：人—生—需—要—勤—奋.

师：是的，就是这句话——"人生需要勤奋"，我希望你们能勤奋学习，勤奋生活. 下面我们再做几个练习.

……

教学片段——"知识是直线"

在学习"直线、射线和线段"课上，教师让学生举出生活中"三线"的例子，学生纷纷举例，此时一学生回答说"知识是直线".

师："哦！同学们，你们都怎么想的？"

生1："知识是直线，因为直线是无限长的，而知识也是无止境的."

生2："不，知识是射线. 我们的学习是总有一个起点，从这个起点出发向一个方向无限延伸."

生3："知识是线段，我们的学习是有始有终的，因为人的生命是有限的."

这时教师说："谢谢同学们精彩的发言. 或许，对于某一个人而言，知识是有限的，像线段，但对于整个人类而言，知识是无止境的，所以我们要珍惜每一分钟."（摘自网络）

请教师们思考并交流：

(1)这两段教学片段，均起到了"营造良好课堂环境"的作用，他们是如何营造的？ 说说自己的见解.

(2)在教学生涯中，我们是否注意过课堂的学习环境与学生的学习密切相关这个问题？想过激发学生动机与营造良好的学习环境之间的关系吗？

(3)谈谈对"营造良好课堂环境"的认识.

编者的话

数学教学任务主要是通过课堂活动来完成的，而课堂活动的效果不仅取决于教师如何教、学生如何学，而且取决于一定的课堂教学气氛.

课堂氛围是一种空气氛围，也是一种"人气"味. 在场的每个人都能闻到、感到这种味儿. 良好的氛围使人精神愉悦，沉闷的氛围使人压抑乏味. 课堂上"人气"受诸多因素的制约．比如，天气的好坏、光线的强弱、教室的环境、班级的班风、学生自己的身心状态、教师的情感等，其中最主要的因素是任课教师．[1]

有人这样说过：评价一堂课的好坏应该第一看学生在课堂中的表现状况；第二看教学目标实现状况；第三看课堂教学氛围营造状况．

前美国教育部主任教师布雷甘认为，一个教学有成效的教师最初应该采取的最有效的行动就是建立一个学习的氛围．

但现在仍有一些教师并没有营造良好的学习氛围的意识，在教学中往往忽视课堂的学习环境与学生的学习密切相关这个问题，致使有些课学生学习效率不高、学习效果不好．

课堂环境影响学生的学习认知发展，影响学生的学习动机和创造力的发展，影响学生的学习效果与效率．课堂环境在教育过程中占有十分重要的地位，是决定学生发展的潜在因素，是任何一位希望提高学校教育质量的教育者都不能忽视的因素．很多研究者都曾对此进行过论述，都不约而同地指出课堂环境对学生的认知、创造力、社会性等发展有很可观的作用．课堂环境的研究已经发现优秀教师和普通教师的差别之一是所营造的课堂学习环境的不同，所以国外已经把课堂环境作为教学评价的一个重要方面．[2]

教育家陈鹤琴指出好教师一定要有 4 个要素，其中一个要素就是"改造环境的精神"．营造良好的学习环境，就是尊重学生，本专题力图通过对课堂教学环境重要性的述说，通过教学实例分析，呈现营造良好学习环境的操作要点，提高数学课堂教学的有效性！

二、标准解读

营造良好学习环境是有效激发学生学习动机能力的一个前提条件，更是每位教师不断研究、实践的一个课题．研究和探讨课堂学习环境的建设，对提高课堂教学效果和促进学生个体的健康成长与发展都有着十分重要的意义．《标准》对营造良好学习环境是这样界定的，如表 3-2 所示．

表 3-2

维度	关键表现领域	能力要点	合 格	良 好	优 秀
教学实施能力	激发动机能力	营造良好学习环境	能够营造整洁有序的教学环境，并以稳定的情绪和良好的状态进行教学	能够以稳妥的方式处理课堂中的突发事件	能够将课堂突发事件转化为教育契机

（一）要点注释

1. 学习环境

学习环境，是指供学习者学习的外部条件．狭义地讲，学习环境可分为学校学习环境、

---

① 摘自网络道客巴巴《浅谈如何营造良好的课堂氛围》．
② 郭成．课堂教学设计[M]．北京：人民教育出版社，2006：248，252．

家庭学习环境和社会学习环境.

学校学习环境是指学校的校舍、师资、教学条件、教学手段、校风、学风等,这些都是影响学生学习的因素;家庭学习环境是指家庭为学生学习而提供的物质条件,如安静舒适的房间,和睦的家庭关系,能够辅导学生学习的家庭成员.社会学习环境是指影响学生树立正确的人生观、世界观和学习目的的社会氛围.

2. 教学环境

教学环境,简而言之,就是影响教学活动的各种外部条件.

教学环境要求是指教育者和受教育者对于课堂教学环境所需要条件因素.通常意义上的课堂是指学校的教室,但随着现代教育的发展,课堂也不再仅仅指教室课堂,还包括大自然课堂、社会课堂等.①

课堂环境,是指一种氛围或者气氛,即教师在教学过程中设置的种种能够对学生施以影响的情境的总和.教师和学生之间的互动在这样的氛围之下进行.②

课堂教学环境由课堂物化环境和课堂心理环境两大部分构成.

(1)课堂物化环境,是指课堂教学赖以进行的一切物质条件所构成的总体.它是课堂教学活动顺利进行的物质基础.如教室的光线、温度、色彩、设施,以及教室的空间布局、绿化美化、座位编排等均属课堂教学的物化环境.

所处的环境不同,心境和态度就会有所不同.当所处的环境杂乱无章时,人的精神就会随之松散;相反,如果所处的环境井井有条,则很容易集中精力.环境对学习和生活的影响很大.

(2)课堂心理环境是指在课堂教学活动中,能够为学生所察觉和感悟到的并能影响学生认识、情感和学习行为的课堂教学心理气氛.它是在课堂教学中,由教育者、受教育者和教育情境相互作用而形成的一种心理空间.它实质上是一种社会心理环境,主要由教师的教学行为、师生关系和学生认可的规范、价值观等决定.③

心理环境包括情绪、心境、兴趣等,对课堂教学的影响是潜移默化的.要提高课堂教学的效率应该努力建设健康向上的心理环境,如和谐的师生、同学关系,积极向上的班风、学风、教师期望、课堂气氛等.

课堂心理环境是由教师"教"的心理环境和学生"学"的心理环境构成的.

教师"教"的心理环境是由教师的教学思想、教学态度、教学能力、教学风格、治学精神、管理方式、道德品质和行为等多种心理因素构成的."教"的心理环境是影响学生的认知发展的品行形成的决定因素.

学生"学"的心理环境是通过学生的学习态度、道德品质和行为、组织纪律性、团结协作、尊敬师长、自学互励等方面表现出来的.学生是课堂教学活动中的主体,"学"的心理环境是课堂心理环境的主要构成要素.④

课堂物化环境与课堂心理环境是相互影响、相互渗透、相互统一的.

① 网络360百科.
② [美]加里·D·鲍里奇.有效教学方法(第七版)[M].南京:江苏凤凰教育出版社,2014.
③ 郭成.课堂教学设计[M].北京:人民教育出版社,2006:261.
④ 李殿淑.如何营造良好的课堂心理环境.[J].中小学心理健康教育,2008,2.

3. 突发事件

在课堂教学过程中,不可避免地会发生一些出人意料的事情,这些事情与课堂教学没有任何的因果关系,完全处于教师教学计划之外,这就是教学过程中的"突发事件"。比如:学生提出敏感话题、上课发生纠纷等。类似这些课堂突发事件,会打断教师的思路,扰乱正常教学秩序,引发课堂混乱。如果教师不能迅速控制局面并加以妥善处理,势必给师生情绪带来负面影响。而艺术地处理好课堂上出现的"突发事件",保证教与学始终在师生的最佳情绪与最佳状态中进行,达到教学效果较高的境界,也是课堂教学管理中非常重要的一个环节。

4. 教育契机

契机:是指事物转化的关键机会。

教育契机:是指在教育过程中,教育事件发展或转化为其他事件的关键、枢纽,是决定性的环节。具体地说,教育契机是指对学生进行某种教育或解决学生某个问题时的最佳时机。它是在教育实践过程中自然生成的或有意创设的某种关键性事件或情境。它有利于促使教师尽快成为学生学习活动的支持者、合作者和引导者;促使教师善于发现学生感兴趣的事物、游戏和偶发事件中隐含的教育价值,把握时机,积极引导。[1]

课堂上教育的契机是无处不在的,如教材所提供的教育契机。例如:学习方程(或实数或勾股定理等)时,结合教材特点,通过介绍数学史,将数学知识传授与德育教育有机结合。

如突发事件的教育契机。突发事件往往是出乎人们意料的爆发性事件,但不要认为突发事件就是偶然事件,因为突发事件往往是学生行为和情绪积累的集中体现。但是无论如何,突发事件往往是实施教育的突破口,是教育契机;突发事件中的教师行为、言论、表现、态度等都会成为教育的内容;突发事件本身的过程、结果和处理、解决方式等也会变成学生接受教育的触动点和资源。可见,突发事件是可利用的教育契机。[1]

教育是一个细节积累,以期从量变到质变的过程,每个学生的各个方面的成长都是教育的应有之义。教师要善于抓住教育的契机,做一个有心人,让每位学生都能在学到知识的同时得到教育。

(二) 要素提炼

1. 对三个层级教师能力达标要求的具体阐述

(1)对合格水平的要求。对合格层级教师的要求是"能够营造整洁有序的教学环境,并以稳定的情绪和良好的状态进行教学",即要求教师能够创设有利于教学的物化环境或者解决课前预想到的心理环境问题。

①创设良好的物化环境就是要求教师注意采用文字、实物、图示、音像等多种信息和载体辅助教学,同时还要关注教室的布置要整洁有序(桌椅整齐摆放,黑板清洁,地面干净,教学用具摆放整齐,清除教室内多余的装置等);采取有效的方式(关窗或提醒噪声发出者等)减轻外面噪声;恰当调节教室光线,如播放幻灯片时要拉上窗帘等。

课堂物化环境主要是一种人为的环境,它的创设要以教学目标和学生的生理、心理发

---

① 网络 MBA 智慧百科.

展的需要为基本依据.

例如：给学生创设合作交流的氛围.

"学生学习应当是一个生动活泼的、主动的和富有个性的过程．认真听讲、积极思考、动手实践、自主探索、合作交流等，都是学习数学的重要方式．学生应当有足够的时间和空间经历观察、实验、猜测、计算、推理、验证等活动过程."①为了更好地开展实践、交流、合作的数学活动，我们可以适当地安排分组，课前把桌椅摆放成如图 3-1～图 3-3 所示的布局形式等，有意识地将学生聚集在一起，创设一种氛围，以利于学生有足够的空间和时间参与活动过程.

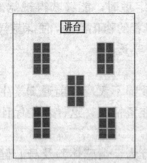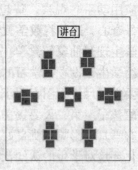

图 3-1

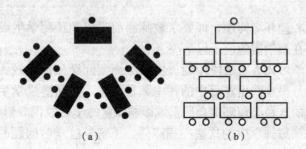

图 3-2

图 3-3

又如，给学生创设实验操作的情境.

---

① 义务教育数学课程标准(2011 年版)[M]. 北京：北京师范大学出版社，2012.

在学习"三角形三边的关系"时，可以给学生准备一些长短不一的木棒，让学生小组合作，通过动手测量、搭建操作来验证三角形的三边的长度有什么关系．

再如，给学生创设视觉感知的氛围．

在学习"直线与平面平行的判定"（高中人教 A 版数学必修第二章第一节课）定理的探求过程中，可以充分利用物化环境：日光灯与天花板，树立的电线杆与墙面，转动的门，老师直立讲台与四周墙面，老师身体向前或后倾斜（视为线）与左右墙面等学生能看得见、摸得着、贴近生活的直线与平面平行的具体事例，增强学生的直观感受，让学生认识和理解直线与平面平行的理由和条件．

学生在应用动手、观察、猜想等手段探索研究判定定理时，能够获得视觉上的愉悦，增强探求的好奇心．这种将数学教学设计成看得见、摸得着的物化活动，使课堂气氛轻松自然，有利于学生理解抽象的数学，使学生真正能够学懂、学透．

再如：给学生创设顺畅学习的环境．

下节课要学习尺规作图，要求学生带圆规和直尺，教师不仅应提前通知学生，而且应通知家长提醒孩子．第二天要提前进教室，检查学生的准备情况，这样才能保证课上不会因为学生没有学具而影响课堂良好的学习环境．

课堂物化环境对学生的认知活动、学习态度、学习行为、情感体验及身心健康等都具有明显的影响．积极课堂物化环境的创设应当注重科学性，要适合学生的心理需要；要注重学生心理的愉悦性，以保持积极的学习态度；要注重丰富多彩的适宜刺激，激活学生的智力活动．

②解决预想到的心理环境问题，即要求教师课前观察和预测学生或教师自身的心理问题，并用恰当的方法在教学实施前予以解决．

例如：下节课要学习列方程解应用题．由于应用型问题阅读量较大，而学生对许多问题的情境又不太熟悉，很难找出题目中的一些数量关系，从而造成学生从心理上就存在一些畏难情绪，而学生的这种心理环境会严重地影响课堂的学习氛围，影响教学效果．因此，教师在备课时就应先预想到学生的这些心理障碍，了解学生学习问题的成因，之后有针对性地设计课堂的内容和方法，根据学生的心理用身边学生熟悉的一些数学问题，设法营造一个学习的氛围，让学生克服畏难情绪，积极参与到教学中来．（详见后面的案例3—5）

再如：前面活动1(2)——课间教师在楼道里刚刚怒气冲冲地处理完班级出现的一件事情，此时上课铃响了，那么即将步入课堂的教师应先调整一下自己的情绪，再走进教室．其实可以先在门外长舒一口气，之后面带着微笑走进教室；也可以先站在门口用眼睛扫一下教室与学生，之后向学生笑一下，然后再走向讲台；还可以先让学生做两道题，或打开书自学一下新课……

教态是教师讲课时情绪的外在表现，比如，教学心情、表情、体态动作、神态等．由于教师的教态是促成良好课堂气氛、开展课堂教学的一种重要辅助手段，因此教师应注意不要把情绪带到课堂教学中去，无论是课间处理问题还是教师的家庭有忧愁的事情，或教师的身体不适，或处于心理周期的情绪低落期，或教师因同事或学生等原因而心情郁闷．教师只有提高对不愉快心理的控制能力，才能始终保持最佳的教学心态．

心理学研究表明，课堂心理环境不仅会对课堂教学活动产生影响，也会对学生认知、情感、行为产生影响，更对学生的身心发展有着明显的影响．

（2）对良好水平的要求．对良好层级教师的要求就是在合格层级的基础上还能恰当处理课堂突发事件．"课堂突发事件"是指在课堂教学过程中不曾预料而突然发生的事件．"恰当处理"就是将突发事件造成的课堂影响降到最小．课堂突发事件如果处理不当，会把教师精心设计的课堂教学计划搅得一塌糊涂．但是，如果处理得恰当、处理得巧妙，不仅能保证教学活动的正常进行，还能显示出教师的机智与创造性，学生也能从中受到教育和启迪．

例如：讲课中如果发现某学生在写其他学科的作业．此时不要大声点名批评他，可以走过他身边，轻轻敲一下他的课桌，示意他停下来．然后回到讲台继续讲课，并注意该学生的注意力是否集中．有需要提问的问题，可以向他提问，促使他保持注意力集中．课下，可以找他谈一谈，告诉他这样的学习习惯不是好习惯，因为付出同样的努力却不会取得好效果．

因为学生的课堂问题会干扰其他学生学习，干扰课堂学习进程，破坏课堂的教学心理气氛，所以不与学生发生正面冲突，恰当巧妙地处理是最好的解决方法．

再如，教学"认识射线"这一内容，学生知道了射线的特征后，教师让学生举例．

师：我们可以把手电筒和太阳等射出来的光线都看成射线．你还能举出一些射线的例子吗？

生：手电筒和太阳射出来的光线不是射线，是线段，因为被东西挡住了，头发是射线．（全班同学都笑了．）

师：那我们来假定一下，假如你的每一根头发都是朝着自己的方向笔直笔直地长，再假如你长生不老，而且永远不剪头发，则你的头发就是射线．

在上述例子中，面对意外生成的信息，该教师幽默地用"两个假定"，为孩子们营造了轻松、自由、安全的心理氛围，即使学生认识到自己举例子的片面性，又很好地保护了孩子的积极性．[①]

作为一位良好的教师，要随时做好解决课堂突发事件的准备，因为一个偶发事件的解决方式也许会改变教师在学生心中的印象．正确处理课堂突发事件会解决学生间的矛盾，维持课堂教学秩序，提高课堂教学效果．

（3）对优秀水平的要求．对优秀层级教师的要求是不但能稳妥处理课堂突发事件，而且能将突发事件转化为教育契机，即要求教师在从容应对课堂突发事件的基础上，因势利导，随机应变，将突发事件巧妙地融进自己的教学，将意外情况与讲授内容快速、合理地契合，借题发挥做"文章"，从容地化险为夷，化被动为主动．

例如：一位教师在讲锐角三角函数的课上，刚刚介绍完正切符号"tan"的读法，一位学生跟着喊了一句"摊鸡蛋"，顿时教室笑声一片．此时这一教师没有责怪或批评学生，也跟着笑了，笑完之后，居然还表扬了这位学生，说：××学生的方法不错哦！用这种谐音记忆的方法很快就能把"tan"的发音记住，我相信"摊鸡蛋"这个读法让同学们现在都能记住了"tan"的发音．其实在我们的学习中，记忆的方法有很多，如数字记忆、谐音记忆、联想记忆、图像记忆、口诀记忆等，希望同学们能在今后的各科学习中都能像××同学一样，巧

---

① （网络收集《让"预设"与"生成"共精彩》徐松德）.

学、巧记，掌握其方法与要领，你们的进步会更大.

（案例提供：清华附中朝阳学校袁芝馨）

在这个案例中，面对课堂上学生胡说八道、引起哄笑的突发事件，教师不仅能机智应对，而且将其转化为教育契机，生发成新的教学内容，让学生了解了"记忆的方法"，既稳妥地处理了这一课堂突发情况，使之能顺利完成教学任务，又给学生介绍了一些学习的技能，激发了学生的学习积极性，收到了很好的教学效果.

课堂上遇到突发问题是高度考验教师课堂驾驭能力和耐心的.作为一名优秀的教师，要想完美地处理好这些"突发事件"，保证教与学始终在师生的最佳情绪与最佳状态中进行，要达到教学效果较好的境界，就必须充分地利用和发挥好自己的教育机智，运用一定的策略，艺术地应对这些"突发事件".

2. 影响课堂学习环境的因素

课堂环境对课堂教学的影响极大，决定了教师能以什么样的方式进行教学，学生能获得什么样的学习方式，以及学生是否有学习的主动性与探索精神.

影响良好课堂学习环境的因素有很多，了解这些因素，有助于我们在良好课堂学习环境的创设中做到有的放矢.

（1）教师因素：教师在课堂教学过程中处于主导地位，是课堂教学的组织者、引导者、合作者，决定着课堂心理气氛的性质，直接影响着每个学生，影响着整个课堂学习环境的创设.因此.一个健康的课堂教师是积极课堂教学心理环境创设的一个最为基本的条件.

影响课堂的学习环境的教师因素主要表现在教师的情感情绪、教师的管理方式、教师的教学方法与风格和教师对学生的期望等方面.

在教育过程中，教师是影响学生最积极、最活跃的因素，教师的情绪情感会直接影响到课堂心理气氛.教师的情绪情感具有迁移功能，如果教师的情感是消极的，那么这种情感会传染给学生，可能使学生对学习失去兴趣，抑制学习的积极性和主动性.

请看一个学生写的一篇作文《一堂精彩的数学课》，作者是陕西省南郑县城关一中七年级学生聂治文.

"哎！又上数学课了，真烦.我现在一听'数学'这个词，就好像被催眠了一样，浑身没劲，头昏眼花，真想睡觉."

许多同学都在嘀咕着，好像"数学"是他们的天敌一样，谁都不愿意听，谁听了都觉得讨厌.我也不例外，一上数学课就像被施了法一样，四肢无力，头昏眼花，哎，我真讨厌数学呀！

"铃、铃、铃"，上课铃还是响了，全班同学跟霜打的茄子一样，蔫在课桌上."上课"，"起立"，"老师好"，这本是一个庄严的时刻、庄严的声音，但听我们一喊，比哀乐还难听.

"翻开数学书，昨天我们学到……"哎呀，我的天，听到这一句，我都快疯了，趴在桌子上，有气无力的，一动也不想动.

突然，一种覆天盖地而来的力量终于使我挺直腰杆，我开始慢慢抬起头，邻桌也被"惊扰"了，我们都慢慢地抬起头寻找这力量.

数学老师银铃般的声音征服了我，征服了全班同学.我放下笔，旁边睡觉的同学也被惊醒了.同学们都停止了自己的一切"活动"，目不转睛地注视着她.那飞舞的粉笔，整齐的板演，缜密的推理，以及洒落的粉笔灰，无不拨动我们的心弦．没有一个睡觉的，没有一个说话的，更没有一个走神的．这力量折服了我们，这声音打动了我们，使冰冷的空气变得燥热了，使恬静的阳光变得飞溅了，使困倦的世界变得亢奋了．同学都仔细地听着，默契地配合着，热烈地讨论着，认真地练习着……

当我们开始走神时，她粗犷的声音又拉回了我们的魂，我们又再一次被她的力量、声音折服．细眉柔和的调子，忽高忽低的声音，其中还掺杂着一丝幽默．更有些黄土高原的豪放、江南水乡的秀丽，在她身上，简直就是完美的南北融合呀！

哦！我们完全被她吸引了，这并不是因为她的美貌，而是她那令人发指的力量，足以使人震撼、使人奋进的力量，就连窗外的小鸟都被她吸引了，静止了叫声．世界万物也都停留在这一时刻……

"铃、铃、铃"，下课铃响了，但我们还都沉浸在那个燥热的时刻，还没有回过神．天呐！这不是一堂数学课，而是一场令人振奋的演讲啊！她的声音，她的动作，她的神情还都浮现在我的脑海里．我，沉醉了！

（摘自网络）

从这篇七年级学生的作文中，我们可以感受到教师的情绪情感的作用．

教师在教学中如何控制好自己的情绪，调节好课堂气氛是一门艺术．为使课堂教学收到好的效果，我们应该学好这一艺术，以使我们的课堂更加绚丽夺目．

教师对教学的不同的管理方式也会营造不同的课堂心理环境，民主型管理方式易形成和谐愉快、积极向上的课堂教学心理环境；专制型的管理方式易导致情绪压抑、气氛紧张；放任型的管理方式易使课堂心理环境自由散漫、我行我素、互不合作．①

教师的教学方法和教师对学生的期望也是影响课堂环境的重要因素．如对教学内容的组织、教学方法的选择及教师在课堂上的言语行为和非言语行为等都会影响积极课堂心理环境的创设．

（2）学生因素：课堂心理气氛是师生共同营造的，学生是课堂活动的主体．因此，学生的一些特点也是影响课堂环境的重要因素．

影响课堂环境的学生因素主要是学生的个体心理特征、班集体的凝聚力和师生关系等．

学生的个体心理特征是课堂心理环境的一个构成要素，不容忽视．学生在课堂学习过程中产生的不良心理，不仅会影响课堂心理气氛，而且会影响学生的身心健康，抑制学生的创新思维和创新精神，阻碍学生知识和技能的发展提高．

班集体的凝聚力强，相互制约性就强；反之，则制约性差，很难形成良好的氛围，课堂教学环境势必受到影响．

（3）师生关系：课堂中的师生关系直接制约影响课堂气氛，如果师生关系融洽，教师热爱信任学生，学生尊重、敬仰老师，则可以导致积极健康的、活跃的课堂心理气氛，从而使课堂教学顺畅，否则就可想而知了．

陶行知认为，良好和谐的人际环境是重要的教育因素．它包含一系列的人际关系，其中主要的是师生关系．建立和谐、民主的师生关系，形成良好的学习氛围，是上好一堂课的基础．

---

① 郭成．课堂教学设计［M］．北京：人民教育出版社，2006.

孙云晓教授说:"好的关系胜过很多教育."这一句话说得很有道理.课堂中的师生关系直接制约、影响着课堂气氛,因此建立和谐的师生关系是优化课堂气氛、营造良好的课堂环境的重要条件之一.

(4)学习内容:学习的内容不同,学生的心理环境也会发生相应的变化,如有的学生计算能力强、推理能力差,所以他代数课表现得非常积极,而几何课却表现得十分消极;而有的学生则恰恰相反,特别是一些学生对应用问题的学习很怵头,一上应用问题的课就很低沉,使课堂气氛受到影响.所以学习内容也是影响课堂学习环境的一个因素.

(5)课堂物化环境:这是直接影响学生学习心理的外部刺激源,同一堂课、同一个学习内容在不同的教学环境下,学生的反应是不一样的.良好的课堂物化环境能给学生舒适愉悦感,能激发出学生积极的情感体验,形成乐学的心理状态;反之,则容易诱发学生厌烦情绪和纪律问题的出现,影响课堂学习环境.

3.传统课堂教学环境与新课堂教学环境的区别(摘自网络)(见表3-3)

表3-3

表现方面	传统课堂环境	新课堂环境
教师与学生	以教师为中心	以学生为中心
学生的发展	单方面发展	多方面发展
学生的学习方式	独立学习	合作学习
学生的学习状态	接受学习	主动学习
学生的学习反应	被动反应	主动参与
学习活动的内容	基于事实知识的学习	批判思维和基于选择、决策
教学的背景	孤立的人工背景	方针的、现实生活中的情景
教学媒体	单一媒体	多媒体
信息传递	单向传递	多向传递

三、案例分析

案例 3-1

《漂亮的服饰》——营造良好的物化环境

实录描述:这是一节数学课,老师并没有提前站在讲台上,上课铃响了,这位数学教师走进教室,学生们眼前一亮,禁不住"哇"地叫出声来,原来教师穿了一件漂亮的中式对襟衣服(见图3-4),这位教师笑眯眯地问学生"漂亮吗"?学生异口同声地回答"漂亮"!教师又问:请同学们观察我这件衣服有什么特点?

图 3-4

学生有说"唐装""中式对襟"的，有说"盘扣""花色"的，也有说"左右两边是对称的"……

教师说：同学们说的都很好，中式对襟衣服的最大特点就是左右对称．

✳ **案例分析**

积极课堂物化环境的创设不仅仅局限于教室的布置．

当教师走进教室的那一刻，教师教态与仪表会直接影响到学生上课的情绪，这种先入为主的方式对课堂心理环境的创设常常会有意想不到的效果．

氛围的创设是课堂模式的第一个环节，起着源头活水的作用．"好的开始是成功的一半"，氛围营造的好坏直接决定着学生是否进入角色，良好的氛围营造不仅能提高师生的兴奋度、参与度，而且能提高学生对问题的达成度．

实录：

师： 现在请同学们拿出一张纸对折，随便剪出一个图案，之后互相观察你们剪的这个美丽的图案有什么特点？

生： 也是左右两边对称．

师： 对！那请同学们再观察并讨论，这些对称的图案有什么共同的特征吗？

（案例提供：清华附中朝阳学校袁芝馨）

✳ **案例分析**

学生是课堂的主人，学生在课堂上的兴奋度、参与度直接决定着对问题的达成度和课堂的效益．假如课堂是一部大剧，那么学生无疑是课堂的主角[1]．因此，让学生动手(折剪)、动眼(观察)、动嘴(讨论)、动脑(思考)，可以使学生这个主角迅速进入角色，从而课堂这部大戏才能更加精彩．

美国心理学家罗杰斯指出：教师应以形成良好的课堂心理气氛为己任，使学生更加充分地、热情地参与整个教学过程．

---

[1] 刘振华．网络竞业园教师论坛．

　　在教学中，教师要善于设计多种活动空间，创造学习氛围，引导学生积极参与探究新知．调动学生多种感官参与学习，把注意力集中到教学活动之中，使他们在操作中建立其丰富表象，在讨论中思维互相碰撞，在练习中获得知识的内化，经历感性→理性、已知→未知的学习过程，从中体验到探究知识的乐趣．

案例 3-2

　　《宝石有多少？》——营造良好的学习环境从课堂引入和"问题串"做起

　　本节课教学内容是《普通高中课程标准实验教科书·数学(5)》(人教 A 版)中第二章的第三节"等差数列的前 n 项和"(第一课时)．本节课主要研究如何应用倒序相加法求等差数列的前 n 项和以及该求和公式的应用．

　　（一）创设情景，唤起学生知识经验的感悟和体验

　　师："同学们，世界七大奇迹之一的泰姬陵坐落于印度古都阿格，传说陵寝中有一个三角形图案，以相同大小的圆宝石镶饰而成，共有 100 层，你知道这个图案一共用了多少宝石吗？"(同时展示三角形图案，见图 3-5)

　　学生思考，并马上说出答案"有 5 050 个宝石．"

　　师：说说你们的算法．

　　生 1：我是利用德国著名数学家高斯"$1+2+3+\cdots+100=?$"的算法，即：$(1+100)+(2+99)+\cdots+(50+51)=101\times50=5\,050$.

图 3-5

　　（二）巧设问题串，在自主探究与合作中学习

　　师：你们能够联想高斯采用"首尾配对"的方法来求和(板书这四个字及框见图 3-6)，很好！

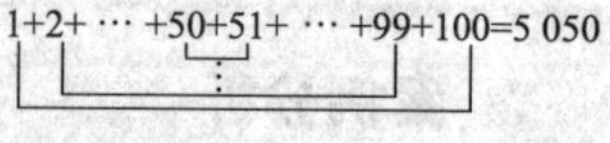

$$1+2+\cdots+50+51+\cdots+99+100=5\,050$$

图 3-6

　　问题 1：如果这宝石只有 51 层，你能迅速算出一共有多少颗宝石吗(PPT 展示问题 1)？ 小组讨论并交流计算方法．

　　学生展开讨论，在合作中学习，并把小组发现的方法一一呈现：

　　生 2：我们发现此题无法直接用高斯 1 到 100 相加的算法．

　　师追问：为什么？

　　生 2：刚才我们用的"首尾配对"的方法，1 加到 100，有 100 个数，也就是有偶数个项，首尾正好能配对相加，而 1 加到 51，有 51 个数，是奇数个项．

　　师：哦！ 这是求奇数个项和的问题，这个发现太棒了！

　　生 2：奇数个项无法全部配对，所以我们采用的计算方法是：原式＝$(1+2+3+\cdots+50)+51$.

下面学生纷纷举手回答.

生3： 我用的方法是：原式＝$(1+2+\cdots+25+27\cdots+51)+26$.

生4： 也可以这样计算：原式＝$0+1+2+\cdots+50+51$.

生5： 还可以这样计算：原式＝$(1+2+\cdots+50+51+52)-52$.

师： 你们真聪明！对求奇数个项和的问题，若简单地模仿高斯算法，将出现不能全部配对的问题，因此我们运用将奇数个项问题转化为偶数个项的"化归思想"将问题解决. 好！现在请同学们继续思考并讨论：

问题2： 图案中从第 1 层到第 n 层($1<n<100$，$n\in\mathbf{N}$)共有多少颗宝石(PPT 展示问题2)？

学生展开讨论，讨论很激烈.

生6： 我们发现 n 为奇数时不能全部配对，所以应该分 n 为奇数、偶数两种情况分别求解.

师： 考虑很全面！请同学们再想想，我们能不能找一个简便的方法同时解决 n 为奇数、偶数的情况呢？

停顿了一会儿，看学生有些茫然.

师说： 请看大屏幕！(多媒体动画演示)如图 3-7 所示，在三角形图案右侧倒放一个全等的三角形与原图补成平行四边形.

立刻有学生说，我知道方法了.

……

图 3-7

经过讨论学生得出一共有 $1+2+3+\cdots+n=\dfrac{n(1+n)}{2}$.

师归纳总结"倒序求和法".

此时该教师抛出问题.

问题3： 在公差为 d 的等差数列$\{a_n\}$中，定义前 n 项和 $S_n=a_1+a_2+\cdots+a_n$，如何求 S_n？

由于前面的大量铺垫，学生很容易得出推导过程，从而得到等差数列前 n 项和的公式.

……

(摘自网络《高中数学教学案例设计汇编》有改动)

✳ 案例分析

(1)"等差数列前 n 项和"的推导不只有一种方法，本节课以故事引课，创设情景，增强学生的好奇心，激发学生的学习欲望和热情；以问题为纽带，创设学习氛围，通过三个问题组织学生讨论，循序渐进；通过类比高斯配对求和方法，借助几何直观，烘托学习氛围，启发学生独立思考，讨论交流，对问题进行层层递进的探究.

✳ **案例分析**

　　这些方法使学生不仅能够掌握等差数列的前 n 项和公式，还从中深刻领会了推导过程所蕴含的逻辑推理方法和数学思维方法．在此基础上，通过民主和谐的课堂氛围，培养学生自主学习、合作学习的学习习惯，也培养了学生勇于探索、不断创新的思维品质．①

　　(2)课堂教学引入的目的就是能上好一节课．课堂教学引入的质量如何，将直接影响整个课堂教学的质量．教师们要充分利用新课前的这几分钟，一开始就将学生学习的积极性激发起来，这种良好的课堂心理氛围利于学生知识的学习，也利于学生情感的培养．

　　所以在数学教学过程中，教师要注意发掘和利用生活中的数学素材，在课堂引入中创设情景，使学生情不自禁地投入到教学过程中来．

　　(3)所谓"问题串"，是指在一定的学习范围或主题内，教师围绕一定目标或某一中心问题，按照一定逻辑结构而精心设计的一组问题．"问题串"是支持教师教授过程和学生学习过程的一个重要工具，能够满足各个层次的学生对知识的学习需求，是环境创设的一个重要的纽带．

　　这节课，任课教师通过三个问题组织学生讨论，由特殊(自然数的前51项和)到一般(自然数的前几项和)，再到一类(等差数列前几项和)，循序渐进，效果很好．

　　现在教学中一些教师缺乏教学提问方面的知识和技能训练，课堂上的提问很随意，很少事前设计问题，导致很多的提问是无效的，教学效率低下．(※建议教师们再次学习能力解读专辑第一集的《专题七 恰当题问 有效追问》．)

　　课堂环境的创设离不开"问题串"，因此，教师在进行"问题串"的设计时，要按由表及里、由浅入深、由现象到本质的递进层次进行设计，要体现出这种阶梯的教育模式．

　　特别要注意的是，数学课问题的提出与设置一定要与数学问题的生成有关，要利于激发学生的思维，因为只有这样才有可能创设出精彩的课堂．

◢◢◢ **案例 3-3**

《三角形三边之间的关系》——利用学生问题营造精彩课堂

　　上课几分钟后，已经导入了课题，授课教师让学生们探讨什么样的图形叫三角形，接着让学生画三角形．"同学们，我们来画一个简单一点儿的三角形，假设它们的边长是2厘米、3厘米、4厘米．"话音刚落，一个学生嚷了一声："画个1厘米、2厘米、3厘米的不是

---

① 网络《高中数学教学案例设计汇编》．

更简单吗?"此时只见授课教师不动声色地接过那位学生的话说:"那同学们就画一个边长分别为1厘米、2厘米、3厘米的三角形吧."

开始学生们都在自己画,可是过了一会儿就讨论开了.(看来他们已经发现三角形三边之间的微妙关系了.)

几分钟后,他们开始相信自己的画法没错,都异口同声道:"不能组成三角形."

"有这么回事儿?"授课教师故作惊讶."我很想知道它的奥妙所在,你们能告诉我这三条边为什么不能组成三角形吗?"

学生都拿出了自己的学具开始演示.很快就有人举手回答:"只有当三角形的两边之和小于第三条边时不能组成三角形."

老师刚对这个结论予以肯定,有学生就提出:"1+2并不小于3呀!""可不是吗?"好几个人都有了意见,"他的总结不完整."

学生们又进行了热烈的讨论,后来发现:当三角形的两边之和等于第三边时,也是不能组成三角形的.于是大家对三角形的三边关系做了这样的总结:"只有当三角形的两边之和大于第三边时才能组成三角形."

为了把学生的思维引向更宽阔的天地,教师又向他们抛出了一道题:一个三角形的三条边分别是2厘米、3厘米、x厘米,那么x最大不能超过多少厘米?最小不能小于多少厘米?通过做题你又发现了什么?

经过努力,大家得出了这样的结论:三角形的任意边,必定小于其他两条边的和,而大于其他两条边的差.

就这样,学生在强烈求知欲的引导下,自主探究,学习了三角形的三边关系.[①]

✽ 案例分析

没有精妙的生成问题,就无法成就精彩的课堂.

该教师活用策略,及时捕捉学生不经意的一句话,使教学的进程按照学生的思路、学生的问题展开了,很好地指导和调控着教学进程.在重要问题上,教师进行了恰当的点播;在教学进程上,教师进行了有效的调控.学生在自主、合作、探究学习中体验了成功,完成了教学任务.

教育家布卢姆说过:"人们无法预料教学所产生的成果的全部范围.没有预料不到的成果,教学也就不成为一种艺术了."

有生命活力的课堂一定是有问题生成的课堂.作为一名数学教师,有必要重新审视自己的教学,思考如何抓住这些"意外"的问题,并将其转化为新的教育契机,构建有利于学生思维发展的新课堂教学结构,使数学课堂焕发生命的活力,涌动生命的灵性.

---

① 王宝珊.朝阳区教师教学基本能力检核标准解读[M].北京:北京大学出版社,2010.

案例 3-4

《随机事件》——稳妥处理并善于利用课堂突发事件

在随机事件与概率的课上，授课教师正在引导学生用刚学到的"随机事件"的知识来判断生活中的三种事件现象．突然，意想不到的事情发生了，一名学生因为没坐稳，连椅子一起摔在了地上．那位同学急忙而又慌张地欲站起来，脸通红通红的．课堂里顿时静悄悄的，所有的学生都屏住呼吸，等待授课教师的处理．

只见授课教师面带微笑快步走到学生身边，将他扶起，帮他坐好，并轻声亲切地问了一下摔的情况，之后老师转头问全班学生："同学们，刚才×××同学不小心摔倒了，你们能用今天学到的知识来描述一下这是个什么事件吗？"

"在他摔倒之前可以说他可能会摔倒，这是随机事件""只要他坐得端端正正的，那么他摔倒是不可能事件""如果他是成心的，那么他摔倒就是必然事件"，哈哈哈……

课堂气氛又活跃起来……

(案例提供：清华附中朝阳学校袁芝馨)

✱ 案例分析

该教师首先通过扶学生，用浓浓的关爱之情，打开学生心灵的窗户，巩固和发展了良好的师生关系；而摔倒事件就是一种不确定事件，教师将摔倒事件与教学内容联系起来，将不利因素变为课堂的生成资源，使学生的知识能学以致用，效率极高．

马卡连科说："教育技巧的必要特征之一就是随机应变的能力．"

遇到课堂偶发事件，要及时果断处理，趁热打铁，以取得最佳教育效果．如果我们能够善于利用这种突发事件，那么它往往可以带来意想不到的效果．

正叶澜教授指出："课堂应是向未来方向挺进的旅程，随时都可能发现意外的通道和美丽的愿景，而不是一切都必须遵循固定线路而没有激情的行程．"

试想：

(1)如果授课教师看都不看，好像根本就不知道一样，不动声色地继续下面的教学……

(2)如果授课教师停下来，严厉地批评这位学生……后面的教学会产生什么样的效果呢？

案例 3-5

《我是经理》——预设心理环境，有效调控课堂

"22.3 实际问题与二次函数的探究 2"教学片段．

这是用二次函数解决实际问题中商品利润问题的一节课．

原题再现：某商品现在的售价为每件 60 元，每星期可卖出 300 件．市场调查反映：如

调整价格，每涨价 1 元，每星期要少卖出 10 件；每降价 1 元，每星期可多卖出 20 件．已知商品的进价为每件 40 元，如何定价才能使利润最大？

实录：一位教师在讲这道题时给学生创设了这样一个情境：我的孩子到商场做社会实践的调查中遇到了这样一件事："这个商场的某商品现在的售价为每件 60 元，每星期可卖出 300 件．他和同学们在做市场调查时发现：如果调整价格，每涨价 1 元，每星期要少卖出 10 件．经理说'这个商品的进价为每件 40 元'，经理让同学们统计一下，要使每星期的利润最大，每件商品涨价多少元合适？这个最大利润是多少？"孩子昨晚回来问我，我一看，嘿！这个问题啊，我的学生就能解答！现在请同学们帮忙解答一下，可以互相讨论．

"是吗？"学生很兴奋，迫不及待地思考并相互讨论起来……

❋ 案例分析

用二次函数解决实际问题中商品利润问题，对学生来说是难上加难，该教师备课时预测到了学生这节课的学习困惑，根据学生的实际和本人的教学风格，对例题进行了适当改编，从而做出适合自己教学风格和学生水平的预设．充分利用学生感兴趣的话题进行氛围的营造，让学生迅速进入角色．

备课前教师必须熟悉学生，并深入地了解学生，因为只有这样才能关注学生的心理环境，做出精心预设，从而用恰当的方法在教学实施前予以解决．

实录：教师请学生代表到前面来讲解，然后教师与学生们一起归纳解决此类问题的方法及注意问题（如自变量 x 的取值范围等），同时板书等量关系及解答过程．

接着教师问学生"我的孩子与同学在调查中还发现，这件商品如果每降价 1 元，每星期可多卖出 20 件．请你给经理出个主意，是降价合适还是涨价合适呢？"

多数学生回答："当然是降价合适了．"

师："为什么呢？"

生 1："降价迎合了顾客心理啊，所以来买的人多，卖得快啊！"

师："嗯！有道理！那就请同学们算一下降多少钱合适？之后互相讨论"

所有学生立刻动笔算了起来，很快就听见争论的声音……

有学生举手并叫道："教师，不是降价合适，而是涨价合适．"

师："说说你们的理由．"

生 2："我设每件商品应降价 x 元时每星期利润最大．经过计算，我发现涨价的最大利润大于降价的最大利润．"

师："其他同学的看法呢？"

众生纷纷说：同意生 2 的看法．

师："你如果是经理，就既要考虑顾客心理和市场行情，又要考虑利润才行啊！好！同学们经过计算和讨论发现涨价合适，现在请你结合两种情况，给商品定个价吧！"

……

（案例提供：清华附中朝阳学校袁芝馨）

✱ **案例分析**

借学生"降价合适"的判断展开讨论，再创情境，灵活处理了课堂的动态生成，很好地指导和调控了教学进程.

一堂成功、有效的数学课既离不开问题的精心预设，又离不开问题的动态生成.

《数学课程标准》提出：教学中应当注意的几个关系之一是"预设"与"生成"的关系.

而预设问题的的根本是备学生，对学生不了解就没有备课权．所以我们在备课时，不仅要专研教材，还要去研究学生的情况，要心中有学生，从学生现有的水平、理想、情感、态度现状出发，分析教材，设定目标，然后依据目标预设学生学习过程中可能遇到的问题，设计有助于学生学习的思路和方案，尽可能多地将学生在学习中可能出现的问题预设到，积极促进有价值的数学问题的生成，这样才能写出一个比较理想的教案.

教案就是教师对教学过程的"预设"．教案的形成依赖于教师对教材的理解、钻研和再创造．教案的实施，则是把"预设"转化为实际的教学活动．在这个过程中，师生双方的互动往往会"生成"一些新的教学资源，这就需要教师能够及时把握，因势利导，适时调整预案，使课堂的学习氛围更加浓厚，使教学活动收到更好的效果．①

因此，作为数学教师，我们不仅要针对学科知识特点以及学生认知特点预设数学问题，还要预设和解决好学生的心理问题，同时也要关注课堂即时生成的问题，捕捉教学资源，指导教学活动，这样才能营造良好的心理环境，做到有的放矢，进而促进学生主动参与学习，提高教学活动质量.

/// **案例 3-6**

《"折出"证明的思路来》——营造自主学习的氛围

这是学习圆周角定理第一节课的实录片段.

课前，授课教师给每个学生发了一张上面画有几个大大的圆的纸片，学生很好奇：咱们这是要干什么呀？教师说，一会儿上课咱们折纸玩儿．"折纸?"对！教师呵呵地笑了.

随着课堂进程的展开，圆周角概念讲完了，圆周角定理的内容"同弧所对的圆周角度数没有变化，并且它的度数恰好等于这条弧所对的圆心角度数的一半．"也探索出来了，该进行定理证明了．此时教师让学生拿出刚才发的纸，啊，该折纸了，同学们兴奋起来了.

教师请同学们采取小组合作的学习方式，分组动手折纸，并进行讨论.

① 义务教育数学课程标准(2011年版)解读[M]．北京：北京师范大学出版社，2012.

方法：在所画好的⊙O上任取一个圆周角∠BAC，将纸片对折，使折痕经过圆心O及∠BAC的顶点A. 然后观察折痕与∠BAC的位置关系，看谁做得快、发现的结论有特点.

学生们迅速动笔画图、折纸，有的同学偷偷斜眼看看别的同学的折纸情况，有的则悄悄和同桌议论着，生怕落后.

不一会儿学生A举着手中的纸激动地高声说，我发现了折痕在∠BAC的内部（见图 3-8（b）），他折出的这种情况恰巧是本班多数学生折出来的情况，因此得到了许多同学的赞同.

此时学生B提出反对，他说折痕应该在∠BAC的一边上（见图 3-8（a）），也有几个同学是这种情况，跟着说，对啊！

学生A及其他同学一愣，并立刻低头又动起手来，马上赞同的呼声出来了.

教师适时地问学生折痕到底在∠BAC的内部，还是∠BAC的一边上呢？

学生A回答，这两种情况都有可能.

教师笑着问还有其他情况吗？此时学生C举手了，他说：老师我的折痕是在∠BAC的外部（见图 3-8（c））.

嗯？学生的眼光都集中在他身上.

教师拿起学生C的纸片，让同学们看，此时有不少学生又低头动起手来，很快赞同的呼声又出来了.

教师跟着又问了一次：还有其他情况吗？此时教室里安静极了，学生有的愣在那里，有的又开始折纸，有的低头思考，有的你看看我、我看看你，大约过了二三十秒，有人说话了，就只有这三种情况.

师问：哪三种？学生们立刻抢着回答：折痕可能会在∠BAC的一边上，在∠BAC的内部，在∠BAC的外部.

对，教师马上进行总结：圆是轴对称图形，它的对称轴就是经过圆心的直线（折痕）. 而以圆上任意一点为顶点的圆周角虽然有无数多个，但它们与圆心的位置关系，归纳起来只有三种：圆心在圆周角的一边上（见图 3-8（a））；圆心在圆周角的内部（见图 3-8（b））；圆心在圆周角的外部（见图 3-8（c））.

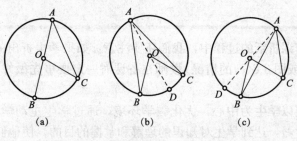

(a)   (b)   (c)

图 3-8

接着教师又问：既然折痕与圆周角的位置关系有三种，那么如果要证明"同弧所对的圆周角的度数等于这条弧所对的圆心角度数的一半"这一结论，只从一方面证明能够说明问题吗？学生回答：不行.

师问：那么，从哪种情况入手进行证明呢？学生回答：先从简单的入手.

师问：哪种情况最简单？学生说折痕在∠BAC 的一边上(见图 3-8(a))最简单.

教师肯定了学生的回答，并纠正说法，这种情况是最特殊的情况，我们应先从特殊入手进行证明，而不仅仅是因为简单.

证明完第一种情况后，教师问学生第二种和第三种情况如何进行证明，学生回答道：想办法转化成第一种情况不就行了.

"对，那如何转化呢？"教师接着问，学生齐声说，添加辅助线.

师问：如何添加？

片刻学生说："折痕就是辅助线".

回答得真好！师赞扬道.(添加辅助线的难点就这么轻而易举地突破了)

师接着说：那么请同学们自己完成后两种情况的证明.

……

(案例提供：清华附中朝阳学校袁芝馨)

✳ 案例分析

创建积极的课堂环境的作用，就是培养学生自主学习的能力.学生的学习过程既是一个认知的过程，又是一个探索的过程，课堂教学中知识的获取就是一个主动的过程，学生不应是信息的被动接受者，而应是知识获取过程的主动者、参与者，因此，在引导学生积极参与教学活动中，教师必须转变角色，充分发挥创造性，让每个学生都有充分表现自己的机会，引导学生主动动手、动脑、动口；使全体学生都能自始至终地主动积极参与教学的全过程，最大限度地发挥他们学习的主动性与积极性.

证明圆周角定理的关键有两个，一是分情况讨论；二是辅助线的添加，而这一折纸过程，巧妙地把这两种情况都体现出来了.这既能让学生主动参与到教学之中，让学生动起来，又能很好地突破难点，让学生想(探索)出来.全班学生集体参与、动手动脑，真正达到了让学生自主学习、自己去探索规律的目的.

※说明：在这节课折纸的过程中，我们还要注意：如果学生折出的情况不全面怎么办？(如：缺少图 3-8(a)或图 3-8(c)的情况)教师在备课时一定要事先做好心理和其他方面的准备，以防万一.

在教学过程中应以学生为中心，优化教学环境，通过学生主动学习，情境中学习，协作中学习和体验中学习，达到学生对知识的理解和掌握的目的，使他们乐学、愿学、会学.

老教育学家叶圣陶先生说过，教育就是培养习惯.我们在平时的教学中，只有能够随时注意培养学生思维探索的学习习惯，培养他们主动参与的意识、方法和习惯，才能使我们的学生适应时代的需要，成为学习的主人，成为有用之才.

▶▶▶ 案例 **3-7**

《让图形在我手中转起来》——利用现代信息技术的课件操作环境辅助学生探究新知

说明:

这是探究旋转概念一节课的片段. 本节课是 23.1.1 旋转的第 1 节课的第 2 课时, 在第 1 课时, 学生了解了旋转的概念, 并用 PAD 上的"数学画板"做出图形旋转的课件, 在课件上, 可以将已知图形旋转任意角度, 且可以度量任一线段和角.

本节课, 学生先通过纸质的旋转学具复习旋转的概念及旋转的三要素, 然后用 PAD 上的数学画板探究图形旋转的性质, 下面是探究过程的课堂实录.

师: 探究"旋转的性质"的方法, 可以类比什么?

生: 可以类比"平移""轴对称"的探究方法.

师: 教师在教师计算机的"几何画板"课件上展示"平移""轴对称"的性质, 并总结. 这两者的性质都是从宏观(变换前后图形的关系)和微观(变换前后图形上的对应点的关系)两个方面来探究的, 类似地, 咱们也可以从宏观和微观两个方面, 对图形的旋转, 探究以下两个问题: 旋转前后的图形有什么关系? 旋转前后的图形上的对应点有什么关系?

生: 旋转前后图形也是全等的.

师: 对! 第 2 个问题——旋转前后的图形上的对应点有什么关系?

生2: 可以类比"平移"的第 2 条性质.

师: 同学们可以在画板课件上连上对应点试试.

生3: 学生在 PAD 上的数学画板课件上连上对应点之间线段, 发现旋转没有如平移第 2 条那样的性质.

师: 那该怎么办?

生4: 再类比"轴对称"的第 2 条性质看看.

师: 从"轴对称"的第 2 条性质可看出, 它是借助"对称轴"来探究对称点之间的关系的, 那咱们可以借助谁来探究旋转图形的对应点之间的关系呢?

生5: 可以借助"旋转中心".

师: 请在 PAD 画板课件上探究对称点与旋转中心之间的关系.

生6: 学生在 PAD 画板课件上测量对应点到旋转中心的距离, 发现这样的距离相等, 如图 3-9 所示.

师: 仅由"对应点到旋转中心的距离相等"就足以描述对应点之间的关系了吗? 如, 仅知道"OA=OA", 能由点 A 的位置确定它的对应点 A′的位置吗(O 为旋转中心)?

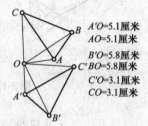

图3-9

$A'O=5.1$厘米
$AO=5.1$厘米
$B'O=5.8$厘米
$C'BO=5.8$厘米
$C'O=3.1$厘米
$CO=3.1$厘米

同学们思考, 犹豫.

师: 如图 3-10 所示, 假设△ABC 绕点 O 顺时针旋转了 50°.

生7: 需要使∠AOA′=50°.

师: "为什么∠AOA′=50°?"

生8：因为△ABC绕点O顺时针旋转了50°，则△ABC上的每一个点都绕点O顺时针旋转了50°，所以∠AOA′=50°.

师：答得很好！

生9：不用那么复杂，只要A′在△A′B′C′上即可.

师：但△A′B′C′不是已知的，是△ABC绕点O顺时针旋转了50°后得到的图形，现在是假设：需要咱们根据△ABC的位置，及旋转中心、旋转方向和旋转角，确定△A′B′C′的位置，咱们现在谈的是：仅知道"OA=OA"，能由点A的位置确定它的对应点A′的位置吗？

教师将课件上的△A′B′C′隐藏起来（见图3-11），帮助生9澄清误会.

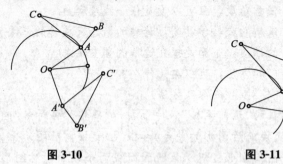

图 3-10   图 3-11

师：请问图上还有什么角应该等于旋转角？

生10：∠BOB′、∠COC′都应该等于旋转角.

师：请同学们在PAD画板课件上测量这些角，看咱们的猜想对吗？并请改变一下旋转的三要素，还可以改变一下△ABC的形状和大小，看看对于不同的旋转，这些结论还成立吗？

学生在PAD画板课件上测量相应的角，验证猜想，并改变旋转的三要素，及△ABC的形状和大小，得到关于不同的△ABC的不同的旋转（如类似于图3-12、图3-13的一些旋转），发现这些结论还成立.

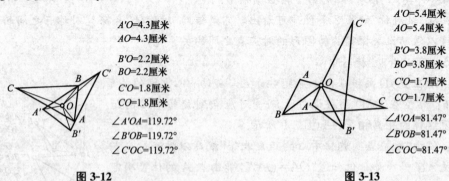

A′O=4.3厘米	A′O=5.4厘米
AO=4.3厘米	AO=5.4厘米
B′O=2.2厘米	B′O=3.8厘米
BO=2.2厘米	BO=3.8厘米
C′O=1.8厘米	C′O=1.7厘米
CO=1.8厘米	CO=1.7厘米
∠A′OA=119.72°	∠A′OA=81.47°
∠B′OB=119.72°	∠B′OB=81.47°
∠C′OC=119.72°	∠C′OC=81.47°

图 3-12   图 3-13

接着，师生共同归纳总结图形旋转的性质：

(1)对应点到旋转中心的距离相等；

(2)对应点与旋转中心所连线段的夹角等于旋转角；

(3)旋转前、后的图形全等.

❋ 案例分析

　　本节课创设了有利于学生探究活动的多媒体课件操作环境，不仅教师可操作教师计算机上的几何画板课件，而且每位学生都可以操作手中的 PAD 上的数学画板课件，可以方便地测量线段的长度、角度，还可以将图形运动起来，或者将旋转图形变成四边形等其他多边形，进而得到更多的具体例子.

　　教师和学生操作画板课件的教学、学习环境，使学生的类比学习非常便利. 教师很方便地在画板上动态地呈现旧知识——图形"平移""轴对称变换"，帮助学生回忆它们的性质；学生在自己的画板上很方便地观察、测量对应点之间所连的线段，很快发现"旋转变换"没有如"平移变换"的对应点之间的关系. 画板的运动功能，为学生的探究过程提供大量的特例，使学生能够客观地从特殊到一般、从感性到理性地探究归纳出图形旋转的性质.

　　对于学生探究过程中的困难，如对问题"仅知道'$OA = OA'$'，能由点 A 的位置确定它的对应点 A' 的位置吗（O 为旋转中心）"不知所措时，教师演示课件，促使学生发现，要确定 A' 的位置，还需要 OA、OA' 之间的夹角等于旋转角. 另外，课件中圆的出现，及圆上点的运动，使学生感知到要由点 A 的位置确定它的对应点 A' 的位置，需要两个条件：$OA = OA'$；$\angle AOA'$ 等于旋转角. 这也为学生将来在高中时学习"极坐标"的知识奠定了基础.

　　对于课堂的突发情况（生 9 提出的"不用那么复杂，只要 A' 在 $\triangle A'B'C'$ 上即可"），画板课件的操作环境更是发挥了优势，老师很快地隐藏 $\triangle A'B'C'$，使学生澄清误会.

　　现代科学技术日新月异，高科技覆盖了地球，把世界连在了一起，如果教师能够掌握现代信息技术，利用多媒体课件的操作创设教学环境，就能提高学生探究进程的效率；对学生探究活动中的困惑，化抽象为形象，使学生豁然开朗；还能使个别学生的误解迎刃而解.

（案例提供：北京市润丰学校付长虹老师）

四、能力训练

（一）操作要点

　　（1）分析：对课堂心理环境进行分析.

　　（2）预测：教案设计中解决预想到的心理环境问题，即要求教师课前观察和预测学生或教师自身的心理问题，并用恰当的方法在教学实施前予以解决.

　　（3）设计：针对课堂的内容、学生的认知状态，多问几个为什么，设计"问题串"，有效地营造良好的数学课堂氛围.

（二）训练方法

（1）案例分析：对教学设计文本或课堂实录进行分析，指出其中营造课堂教学环境所采取的方法的优劣.

（2）自我训练：对于给出的课题书写教学设计，特别注意学情的分析及心理预测是否准确；"问题串"的设计是否对数学问题的生成、对课堂氛围的创设有积极的影响.

（3）课堂观察：在自己单位开展教学实践，课后备课组教师一起研讨，及时反思，必要时对课堂教学环境的改善进行调研和分析.

（4）实战演练：在自己的教学课堂上实践.

（三）训练活动

活动 4：案例反思交流

课堂内容——"坐标轴的正方向".

在一节平面直角坐标系的复习课上，当教师问道，横轴和纵轴习惯取什么方向为正方向时，一位学生回答：向南．下面的同学大笑起来……

面对这位同学的回答，我们如何作答与解决？谈谈其处理方法.

活动 5：实际操作交流分享

（1）观看录像课．注意观察授课教师对营造数学课堂氛围所采用的有效方法，注意课堂的物化环境、课堂心理环境的创设、"问题串"的设置，注意突发问题的处理等对课堂教学活动及学生学习积极性和身心健康的影响.

结合操作要点，先个人独立对录像分析，再以小组为单位自我分析交流，并说说对"营造良好的数学课堂环境"的认识.

（2）选定教学内容．依据《标准》，进行营造课堂环境的专题设计，之后小组交流，开展对设计的评价，指明优缺点，最后设计者自我反思重新设计.

（3）对选定教学的内容进行实战演练或微课演讲展示，小组互相听看、相互评课.

五、反思评价

（一）评价要素（见表 3-4）

表 3-4

要　素	评价指标			权重
	合格	良好	优秀	
学情分析（心理环境）	能够根据教学内容进行学情分析，且能注意学生的个体心理特征	能够根据教学内容对学生的学习情况和心理环境情况进行分析，观察和预测学生或教师自身的心理问题	能够根据教学内容对学生的学习情况和心理环境情况进行分析，观察和预测学生或教师自身的心理问题，预知学生学习中的困惑和可能出现的问题	0.2

续表

要素	评价指标			权重
	合格	良好	优秀	
教案设计	有创设课堂学习环境的环节	能够具体描述创设课堂学习环境的环节，其设计与数学问题的生成有关	能够具体描述创设课堂学习环境的环节，其设计与数学问题的生成有关，且注意到教学中的每一个环节。能预测学生的心理环境问题，并能用恰当的方法解决	0.3
物化环境	能够注意到物化环境引起的学生的心理反应	能够注意到物化环境引起的学生的心理反应，能够用恰当的方法解决	能够注意到物化环境引起的学生的心理反应，能够用恰当的方法解决，并能够营造良好的物化环境	0.1
课堂调控	能够有效处理影响课堂环境的学生因素，创设积极的数学课堂气氛	能够有效处理影响课堂环境的学生因素，创设积极的数学课堂气氛，会控制数学教学过程的节奏，并能够以稳妥的方式处理课堂中的突发事件	能够有效处理影响课堂环境的学生因素，创设积极的数学课堂气氛，会控制数学教学过程的节奏，采用恰当的课堂管理手段，将课堂突发事件转化为教育契机，使数学教学富于效率与秩序	0.4

（二）考核试题

1. 填空、选择

(1)课堂环境是由_____环境和_____环境两大部分组成的.

(2)影响课堂气氛的主要因素有(　　)(多选题).

A. 教师对学生的期望

B. 教师的情绪状态

C. 教师的领导方式

D. 教师的教学方法

E. 教师的教学水平

F. 师生关系

2. 阅读、思考、解答

(1)"教师的表情包". 昨天模拟考试(数学)没考好，教师课上怒斥学生们的各种不足！一推黑板，他看到了学生事先画的画(见图3-14)，又被逗得乐到不行. 这帮孩子早算准了我的反应，真是一帮淘气鬼(笑脸).(摘自朝外郝永军教师的微信)

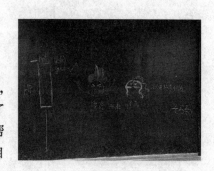

图 3-14

　　既然学生都能想到教师的想法与做法，那么教师在平时的备课中为什么不能预设一下学生的心理并预设解决的方法呢？

　　谈谈对"教师课前观察和预测学生或教师自身的心理问题，并用恰当的方法在教学实施前予以解决与营造课堂学习环境的关系"这个问题的看法．

　　(2)教学片段——"数汽车"．

　　在教学"统计的初步认识"时，一位教师播放了一分钟内经过校门口的各种车辆的录像，让学生数一下各种车辆的数目．

　　学生要求教师再放一遍录像，因为车辆太多，速度又快，学生数不过来．但又放一遍之后，学生还没有数清楚．

　　这时，教师说："想想办法，如何解决这个问题？"

　　一些小组就开始商量，分工合作，在小组内有数轿车数目的，有数公共汽车数目的，还有数面包车、大卡车等数目的．

　　又放一遍录像后，学生顺利地完成了统计任务．

　　请教师们思考并交流：这个教学片段是如何创设学习环境的？

　　(3)请教师从自己的课堂中搜索一个精彩的小片段，记录下来．要求：从中能体现出数学课堂学习环境的创设的方式或方法，并备有反思．

专题四　恰当运用教学媒体

学习目标

1. 理解并能陈述《标准》中"教学媒体　运用恰当"的三个等级要求.
2. 知道并关注选用教学媒体的方法与技巧,并能够恰当运用.
3. 能够根据数学教学内容和学情合理改进并综合运用教学媒体.

品读

故事 1　装在瓶子里的信

　　1492 年,哥伦布率领探险队到达美洲的一个小岛,在岛上进行了一段时间的考察以后,他于 1493 年起程返回欧洲.返航前,给西班牙女皇写了一封信,连同他绘制的一张美洲地图一起密封在一个瓶子里,投入大西洋,期望这个瓶子能够漂流到西班牙.哪知瓶子在海上足足漂了 300 多年,直到 19 世纪 50 年代才被人发现.这封信的传递时间之长,也可以算是世界之最了.

故事 2　烽火戏诸侯

　　周朝有个周幽王,是一个非常残暴而腐败的君主,他有个爱妃名叫褒姒,长得非常美丽.《东周列国志》中有这样一段话来形容褒姒:"目秀眉清,唇红齿白,发挽乌云,指排削玉,有如花如月之容,倾国倾城之貌."褒姒虽然很美,但是"从未开颜一笑".为此,周幽王提出了一个赏格:"谁要能叫娘娘一笑,就赏他一千斤金子"(当时把铜叫金子).于是有人想出了一个点起烽火戏诸侯的办法,想换取娘娘一笑.一天傍晚,周幽王带着爱妃褒姒登上城楼,命令四下点起烽火.临近的诸侯看到了烽火,以为西戎(当时西方的一个部族)来犯,便领兵赶到城下救援,但见灯火辉煌,鼓乐喧天.一打听才知是周幽王为了取乐娘娘而干的荒唐事儿,各诸侯汗流浃背,狼狈不堪,敢怒不敢言,只好气愤地收兵回营.褒姒见状,果然淡然一笑.但时隔不久,西戎果真来犯,虽然点起了烽火,却无援兵赶到.原来各诸侯以为周幽王又是故技重演.结果都城被西戎攻下,周幽王也被杀死了,从此西周灭亡了.

　　思考:两个故事形象生动地介绍了古人是如何利用媒体传递信息的.从这两个故事中可以看出,古代人们已经重视借助媒体(漂流瓶、烽火)进行信息的传递,但古人用漂流瓶、烽火等传递的信息量小,传递的速度慢,有时还会误事.所以,媒体的使用很重要,恰当运用就显得更为重要了.在我们的教学过程中,如果不能够恰当运用可能会适得其反.

活动1：问题思考，交流感悟

（1）你认为每节课一定要用多媒体上课才好吗？

思考：用PPT课件代替板书，你想过学生是否能跟上吗？重点和难点是否处理恰当？如何运用多媒体才会有更好的效果？

（2）你的多媒体课件是否符合教学内容和学生的学情？

思考：现在网上有很多现成的课件，随便拿过来就用一定会很适合你的学生吗？这样的教学对学生有好处吗？

（3）你对教学媒体的恰当运用有什么看法？

思考：教学媒体的恰当运用会给我们带来意想不到的效果，学生也会受益匪浅。

活动2：问题探讨，对比反思

探讨：某个教师用多媒体上一节初中几何的习题课——辅助线的添加，选了一道题有多种辅助线的添加方法，课件准备得非常丰富，但一个学生却回答了另一种很巧妙的辅助线作法（课件中没有），而这个教师为了顺利演示他的课件，就诱导这个学生按照他的思路去做，结果挫伤了学生的积极性。

问题：对于几何中的一些动态图形使用几何画板课件是不是很好？同样的课件是不是也有不同的处理方式？

探讨中的教师做得怎样？

运用多媒体技术来制作数学教学课件时，不是一味考虑文字、图形处理得多漂亮，动画多直观，而是如何优化教学思想。教学思想不更新，制作出来的课件可能会变成"填鸭式"或"满堂灌"，学生陷进教师设计好的"圈套"，被教师牵着鼻子走。考兹玛是美国加利福尼亚国际SRI学习技术中心的主任，长期从事计算机多媒体教学研究工作。通过多次试验，他认为：媒体及其媒体的属性永远不会影响学习，只有教学方法才会真正影响学习的结果。就像病人就医一样，病人可以通过服药片、喝药液或注射等不同途径治疗，但重要的不是药品的形态，而是药品中的成分。

编者的话

对教育具有影响力的三个重要趋势标志着信息时代的到来：人口数量的变化；技术的迅猛发展；通过使用搜索、过滤、分类、选取等方法不断扩大的信息库。所以，教学媒体也将越来越多地被我们重视起来。

《数学课程标准》中提出"现代信息技术的发展对数学教育的价值、目标、内容以及学与教的方式产生了很大的影响。数学课程的设计与实施应根据实际情况合理地运用现代信息技术，要注意信息技术与课程内容的整合，注重实效．要充分考虑信息技术对数学学习内容和方式的影响，开发并向学生提供丰富的学习资源，把现代信息技术作为学生学习数学和解决问题的有力工具，有效地改进教与学的方式，使学生乐意并有可能投入到现实的、探索性的数学活动中去"。

教学媒体是教学资源（指一切可以用于教育、教学的物质条件、自然条件和社会条件）的重要组成部分．数学课程资源是指应用于教与学活动中的各种资源，主要包括文本资源——如教科书、教师用书，教与学的辅助用书、教学挂图等；信息技术资源——如网络、数学软件、多媒体光盘等；社会教育资源——如教育与学科专家，图书馆、少年宫、博物馆，报纸杂志、电视广播等；环境有工具——如日常生活环境中的数学信息，用于操作的学具或教具，数学试验室等；生成性资源——如教学活动中提出的问题、学生的作品、学生学习过程中出现的问题、课堂实录等．数学教学过程中恰当使用数学教学资源，将在很大程度上提高学生从事数学活动的水平和教师从事数学活动的质量.

值得注意的是，教学中应有效地使用信息技术资源，发挥其对学习数学的积极作用，减少其对学习数学的消极作用．例如，不应在数学教学过程中简单地将信息技术作为缩短思维过程、加大教学容量的工具；不提倡用计算机上的模拟试验来代替学生能够操作的实践活动；也不提倡利用计算机演示来代替学生的直观想象，弱化学生对数学规律的探索活动．

数学教学过程是数学教学信息的传播过程．在这一传播过程中，传播者和接受者之间的信息输送是通过教学媒体进行的．因此在数学教学中，如何选择和使用教学媒体，对数学信息的传播是十分重要的，也是数学教学设计的一项重要内容．这里简单介绍数学教学媒体的教学特性，并在此基础上说明对教学媒体如何选择和应用，从而将特定的教学信息借助于媒体传递给学生，并恰当地设计在教学过程中．

二、标准解读

《标准》对"教学媒体 运用恰当"的界定如表 4-1 所示。

表 4-1

关　键表现领域	能力要点	合　格	良　好	优　秀
信息传递能力	教学媒体运用恰当	能够根据教学目标和内容选择运用教学媒体	能够根据教学目标和内容合理选择并恰当运用教学媒体	能够根据教学目标和内容合理改进并综合运用教学媒体

（一）要点注释

1. 数学教学媒体

媒体是传承、加工及传递信息的介质和工具，当某一媒体被用于教学目的时，则被称为教学媒体．教学媒体用于教学信息从信息源到学习者之间的传递，具有明确的教学目的、教学内容和教学对象．

　　数学教学媒体一般分为常规教学媒体和现代教学媒体两大类．常规教学媒体主要有教科书、黑板、图表、模型实物教具等．现代教学媒体一般有幻灯片、白板与投影、电脑与网络、图形计算器等．

　　2. 选择运用教学媒体

　　（1）选择教学媒体的依据．选择教学媒体时要以教学目标、教学内容、教学对象和教学条件为依据．例如，对于较抽象、学生难以理解的教学内容需要选择一些视觉、图形等媒体，以增加学生的感性认识．又如，在呈现了大量的事实后，教师要善于用黑板进行归纳和总结，形成简洁的板书，以便于学生理解和记忆．

　　（2）选择教学媒体的原则．现代教学媒体设计和选择的基本原则包括以下几点：

　　最小代价原则：设计和选择教学媒体，力求做到以最小的代价得到最大的收获．

　　共同经验原则：设计和选择的教学媒体所传输的知识经验与学生已有的经验必须有若干共同的地方，否则学生难以理解、掌握．

　　多重刺激原则：设计和选择教学媒体，应注意从不同角度、侧面去表现事物的本质特征．让所讲对象，在不同的时间、地点、条件下多次重复出现，用不同的形式表示同一内容．

　　优化组合原则：各种教学媒体都有各自的优点，也有各自的局限性．各种教学媒体有机组合将会扬长避短、优势互补，取得整体优化的教学效果．但是教学媒体的组合要以取得最佳教学效果为出发点，而不是形式上的简单相加．

　　3. 合理选择并恰当运用数学教学媒体

　　媒体合理选择的目的是恰当运用教学媒体到教学过程中．教学过程的主体是学生，因此，只有考虑到学生的实际，才能使教学媒体发挥出应有的作用；只有熟悉和掌握各种媒体的特性和功能，才能做出恰当的选择，从而使教学媒体适应教学的需要，使媒体发挥出最大的效益．

　　特定的数学教学目标和教学内容是合理选择并恰当运用教学媒体的直接依据．例如，讲解高中立体几何的基本概念柱、锥、台、球时，往往要借助于几何模型这一媒体，使学生首先获得感性认识，在此基础上，再上升到理性认识，培养学生的空间想象力．又如，在解决初中的动态几何问题时，可以借助几何画板或图形计算器进行探索．再如，研究初高中函数图像时也可以借助几何画板或图形计算器进行性质的探索．

　　4. 合理改进并综合运用数学教学媒体

　　能够根据教学目标和内容合理改进并综合运用教学媒体；能够根据不同班级的不同学情改进现有课件，合理选择素材，并综合运用多种教学媒体，达到"最优化"．

　　（二）要素提炼

　　1. 对合格水平的要求

　　合格：教师教学媒体运用能力上强调能够根据教学目标与内容选择和运用教学媒体．各种教学媒体各有优势，要根据教学内容选择切实的教学媒体．数学的演算过程离不开板书，当帮助学生理解抽象的数学图像变化时，很多教师熟练地运用几何画板制作的课件，丰富了学生的想象．要达到这一能力标准就要了解各种媒体的优势，以适于概括和生成．多媒体课件适于丰富想象、扩大视野，利于表现运动的、变化的微观内容等；而模型、挂图往往是在真实中模拟、突出某些结构特点，利于认识和理解某些结构等.

例如：九年级下册第 26 章二次函数的性质是九年级学习的一个重点，也是一个难点．采用几何画板软件来探究二次函数的性质，形象直观．本节课上先让学生利用基本方法和步骤在草稿纸上画出二次函数 $y = x^2 + 4x + 9$ 的图像．这是学生能够掌握和理解的基本方法．接下来再利用几何画板将参数 a、b、c 输入 1、4、9；将电脑上所得的函数图像与学生自己所画的图像进行比较，进而激发出学生强烈的求知欲望．当然，本节所要掌握的重点和难点并不是函数图像，而是让学生清楚明白地探究二次函数的性质．在"参数的属性"对话框中，将参数 a 由 1 到 -1 变化，从而引导学生观察图像不同的变化．这样学生便能非常清晰、直观并迅速地观察出函数图像不同的变化．"参数 h 变化和参数 k 变化，分别会引起图像怎样的变化？"将这一问题抛给学生，由学生自己发现与总结.

✳ 案例分析

这节内容在教学媒体——几何画板软件的帮助下，将参数改变而引起图像的改变的动态过程形象生动地展示在学生的面前．这种动态的演示不仅解决了数学教学中的难点，让学生感受到用计算机解决实际问题的优势，而且大大激发了学生的求知欲和学习兴趣．是否可以去掉学生自己画图的环节？不行，若学生只看教师的演示，则这个教学媒体就失去了价值．如果学生亲自用几何画板或图形计算器进行自主试验探究就更好了.

再如：在研究几何的图形变换过程中，教师制作好课件，让点动起来，线动起来，图形动起来，让学生在动态的变化中体验变化规律，这样就更好地帮助学生突破了难点等.

2. 对良好水平的要求

良好：能够根据教学目标和内容合理选择并恰当运用教学媒体．在合理选择教学媒体后，还能够合理运用教学媒体．也就是说，在具备运用各种媒体的基本技能的基础上，要注意教学媒体的使用方式，注意教学媒体出示的时机，充分挖掘媒体在教学中的作用.

例如：

在"圆锥的侧面积和全面积"教学时，教师提前让学生自己做了一个圆锥模型，上课时说："这节课我们学习'圆锥的侧面积和全面积'，圆锥的侧面积怎么求呢？你能以你制作的圆锥模型为工具，运用已学的知识探究出圆锥的侧面积吗？能用字母表示圆锥的侧面积的计算公式吗？"

经过约 2 分钟的时间，大部分学生都找到了方法——把圆锥的侧面剪开展平成一个扇形，还有一部分学生不知所措．又问："圆锥的侧面是曲面，怎么求曲面的面积？""利用转化思想把曲面转化为平面."大多数学生齐答．小部分学生欣然一笑，把圆锥的侧面剪开．又过约 1 分钟，有一学生高兴地喊："老师我知道了：其实圆锥的侧面积就是剪开的扇形面积 $S_{圆锥侧面积} = S_{扇形面积}$"，"还有别的表示方法吗？""老师我的是 $S_{圆锥侧面积} = rl$"，"我觉得是 $S_{圆锥侧面积} = \pi rl$"，"我认为是 $S_{圆锥侧面积} = \pi l$"，学生抢着答.

大概过了 5 分钟，教师叫各种答案的代表站起来解释．"沿圆锥的一条母线剪开，圆锥的侧面展开图是扇形，根据扇形的面积计算公式，就得到 $S_{圆锥侧面积}$""能解释 n、r 各代表什么吗？""n 指扇形圆心角的度数，r 是圆锥的底面半径．""我的方法和他的一样，但得到 $S_{圆锥侧面积} = lr$，其中 l 是扇形的弧长，r 是扇形的半径．""我的方法也一样，但得出的 $S_{圆锥侧面积} = \pi rl$，其中 r 是圆锥的底面半径，l 是圆锥的母线．""我得到 $S_{圆锥侧面积} = \pi rl$，其中 l 是扇形弧长．"

"大家说的都有道理，该选哪个作为公式呢？为什么？""第四种，求圆锥的侧面积，就该已知圆锥的相关量，而第三种虽然也已知圆锥的相关量，但比第四种复杂，所以我觉得应该采用第四种作为公式．"教室里掌声一片．

✳ 案例分析

本案例的教学媒体很简单，但却起到了意想不到的效果．美国著名心理学家布鲁诺说："学习者不应该是信息的被动接受者，而应该是知识获取过程中的主动参与者．""探索是数学的生命线，没有探索就没有数学的发展．"所以我们在教学中，必须最大限度地把时间还给学生，让学生在学习过程中去动手操作、去体验、去感受、去经历数学．只有这样，才能使学生亲身体验到自己发现的成功喜悦，才能激起强烈的求知欲和创造欲，提高参与数学活动的主动性．

3. 对优秀水平的要求

优秀：能够根据教学目标和内容合理改进并综合运用教学媒体；能够改进现有课件，合理选择素材，并综合运用多种教学媒体，达到"最优化"．

例如：在讲解中考专题复习课"中点'8'字型模型的探究"时，学生在遇见复杂图形时不知如何处理．那么，在讲课时就需要通过从特殊到一般的逐层推理，加深对基本图形的理解．这时，我们可以利用白板的多图复制、快捷书写框、激光笔等功能，吸引学生的注意力，激发学生思考问题的兴趣．

为了满足不同层次学生的需要，我们通过几何画板的动点运动功能，将例题的条件及背景不断变换，使学生能够根据情况掌握解题途径．引导学生思考各种情况的解题思路及方法，拓宽学生的思路，使学生能够根据题目的条件灵活运用科学的知识解决问题，培养学生思维的灵活性和变通性，引导学生学会积极思考问题，由疑导思，循思而学，学有发现．

针对不同学生的思维模式，为了提高学生分析问题、解决问题的能力，在讲题过程中，通过学生对一道题的思考，可能出现不同的解题方法，此时教师应该给学生展示的平台，鼓励学生积极参与、交往互助，使师生得到共同发展．这时，就可以利用数码点阵笔提供的 PPclass 功能，实现把点阵化后的课本、学案、试卷等通过数码点阵笔传输到电脑屏幕，真正地实现课堂上的师生、生生的互动．

✳ 案例分析

　　现在的社会大背景都在倡导网络化，它确确实实方便着我们的生产生活．我们应该将其应用到我们的教学中去．数学中常用的 Word、Excel、PPT、几何画板等软件都可以通过点阵笔、白板、平板等进行融合，让它们同时呈现在课堂上，让学生多角度地理解知识，充分发挥学生对课堂的掌控，让他们从不同的解题思路中总结、自我提升．

三、案例分析

案例 4-1

《草原上的牧马人》—路径最短问题探究

　　在一片广阔的大草原上，有一条美丽的河流（直线 a），不远处有一个牧马人（点 A）想先到河边饮马，再回到自己的帐篷（点 B）中去，请你给他设计一条路线，使他走的路程最短，他应到河边哪一点去饮马最好呢？请你帮他确定出点 P．

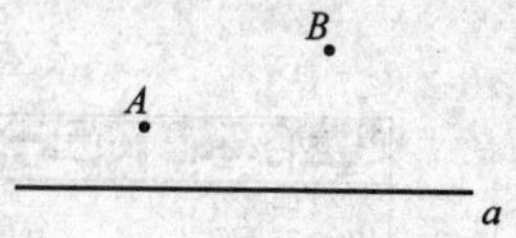

图 4-1

　　方法 A：就用我们今天所学的知识做出点 A 关于直线 a 的对称点 A'，连接 $A'B$，即可．我们证明一下．

　　方法 B：请同学们看大屏幕，我用几何画板给大家演示一下，请观察在哪个位置上 $PA+PB$ 的长度最短．

　　方法 C：请同学们分小组探究一下，可以自己在纸上画，然后量一量，也可以用图形计算器观察，验证你们的猜想．

　　　方案 1：猜想：连接 AB，作线段 AB 的垂直平分线，与直线 a 有一个交点 P，这个交
　　　　　　点 P 的位置即是牧马人饮马的位置．

　　　　　试验：用图形计算器在直线 a 上任取一点 P，测算 PA、PB、$PA+PB$ 的长
　　　　　　度．拖动 P 点观察，当 $PA=PB$，即 P 在 AB 的垂直平分线上时，
　　　　　　$PA+PB$ 的值是最小的吗？（见图 4-2 和图 4-3）

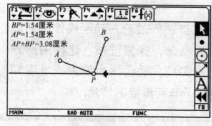

图 4-2 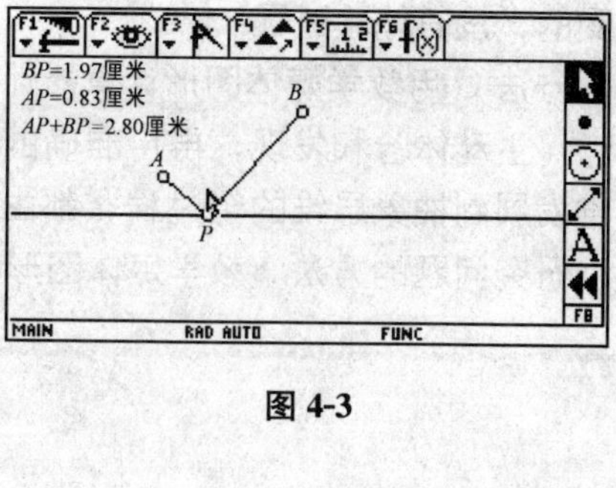　　　　　　　　　　　　　　　　　图 4-3

经过试验发现猜想错误.

方案2：猜想：过 A 作 $AP \perp a$ 于 P，连接 BP，则 $PA+PB$ 最小.

　　　　试验：继续拖动 P 点观察，当 $AP \perp a$ 时，$PA+PB$ 的值是最小的吗？

（见图 4-4，图 4-5）

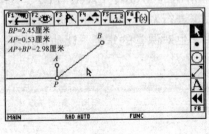
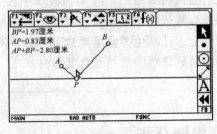

图 4-4　　　　　　　　　　　　　　　　图 4-5

经过试验发现猜想错误.

方案3：猜想：如图 4-6 所示，P 点拖到这个位置时，左右两边的值都在变大，猜想应

　　　　　　是点 A 关于直线 a 的对称点 A' 与点 B 的连线与直线 a 的交点.

　　　　试验：作出点 A 关于直线 a 的对称点 A'，连接 $A'B$，观察 $A'B$ 与直线 a 的交

　　　　　　点与拖动到的使 $PA+PB$ 的值最小的点重合，如图 4-7 所示.

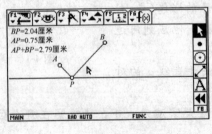
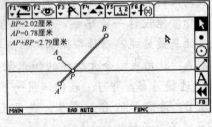

图 4-6　　　　　　　　　　　　　　　　图 4-7

经过试验发现猜想基本正确.但我们必须进行证明.

❋ 案例分析

　　方法 A 直接给出结论，学生是被动接受的，并且是死记硬背的.

　　方法 B 用教学媒体几何画板给学生演示，虽然比较形象，但学生仍是被动接受的，没有体验过程.

　　方法 C 用教学媒体图形计算器让学生自己亲自进行试验，动手操作，动脑思考，主动体验和发现，再用准确的语言来表达概念，探索性质，这种由形象思维发展到抽象思维的全过程，都由学生自己来完成，教会学生探索、发现知识、研究问题的方法.教学媒体图形计算器起到了非常重要的作用.

（案例提供：北工大附中尚爱军老师）

案例 4-2

《随机事件》翻转课堂

目标引领下的闭环教学（网上自主学习＋课堂互助探究）.

课前网上发布内容:

(1)25.1.1 随机事件微课.

(2)关联在微课后的 4 道网络检测题及一道开放性讨论题.

(3)看课本 127～129 页.

网上发布的任务:

(1)看微课(结合看数学书)完成目标内容学习.

(2)完成微课后的 5 道关联检测题.

(3)提交网络学习心得:与同学和老师一起分享你学习中的收获与困惑.

学生的问题归纳与说明:

(1)根据 4 道网络测试反馈的正确率(见图 4-8～图 4-11)及讨论题,可以确定学生较困难的点,课上小组讨论解决.

(2)学生留言、交流心得可以反馈出学生对学习内容的疑难困惑,课上小组讨论解决.

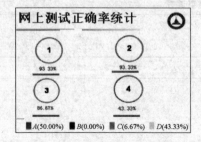

图 4-8

图 4-9

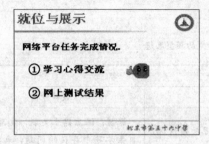

图 4-10

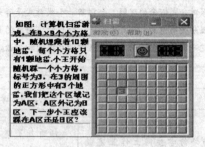

图 4-11

✳ 案例分析

　　本节课是初中数学统计与概率的内容，这部分内容往往被老师和同学们忽视．教师能够合理改进并综合运用教学媒体实施翻转课堂，激发了学生的学习兴趣，使他们先自主学习教材，然后通过视频帮助解决疑难问题，主动合作交流，体验知识的形成过程，体会了学习的乐趣，享受了成功的喜悦；使学生们在课堂上不再是被动地完成教师布置的作业，而是主动地探索新知识，主动地在运用中落实知识、在合作中提升能力，使学生学习的积极性、主动性越来越高．

（案例提供：北京市第五十六中学郭涛）

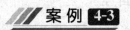 案例 **4-3**

《分式的概念》信息技术与教学的深度融合

课前网上任务类型说明
任务1：微课　分式的概念．   任务2：测验　分式的概念测试题
二次备课后目标调整：（现场 PPT 展示）   前置任务目标： (1)能用分式表示简单的现实情境中的问题． (2)经历分式概念的自我构建过程，初步理解分式的概念． (3)会根据已知条件求分式的值． (4)初步理解分式有意义、分式无意义、分式的值为零的条件． 课堂教学目标： (1)加深对分式概念的理解，会判断一个代数式是否是分式． (2)掌握分式有意义、分式无意义、分式的值为零的条件． (3)通过丰富的数学活动，体验数学活动探索和创造，体会分式的模型思想

课上部分		
教师活动	学生活动	设计意图
展示交流 展示与评价学生网上作业完成情况	倾听并了解本节学习反馈情况，明确问题	课前、课上建立关联，发现学生在自主学习中存在的问题，表扬评价、树立榜样
学习目标 根据学生前置问题反馈结合本节课重点、难点生成本节课教学目标	明确本节课学习目标	将前置任务学生问题生成教学目标，更加体现教学的针对性和学生的主体性

续表

教师活动	学生活动	设计意图
答疑解惑＋知识梳理 判断分式个数，以此引导学生总结分式的特点	小组合作释疑	加深对分式概念的理解：分式的判定只看形式不看化简结果
合作探究 分式概念的深入理解 (1)给出代数式由学生判断. 分式有意义、无意义、值为零的情况. (2)根据条件求分式的值	(1)四叶草抢答/小组接龙. 判断老师给出的代数式哪些是分式. (2)总结分式满足的条件、整式和分式的区别. (3)求分式的值，同时判断分式有意义、无意义的情况	分式概念的应用：结合课前学生学情反馈再次加深对分式概念的理解
拓展应用 给学生3组数据，学生组成分式并判断	小组讨论组成分式	通过游戏加深对本节课重点知识的理解
检测提升 四叶草云课堂推送本节课随堂测验	四叶草平台答题提交	检测本节课学生知识内化程度
总结评价	总结本节课的主要内容，归纳梳理	梳理本节课知识框架，展示本节课收获

✳ 案例分析

教师能够合理改进并综合运用教学媒体实施翻转课堂，在翻转课堂教学中，更多采用一些既充满乐趣，又具有知识性的微课作为前置任务推送给学生，使学生学习数学的热情大增. 学生前置学习后，在课堂上带着问题听课，学习的目标更加明确.

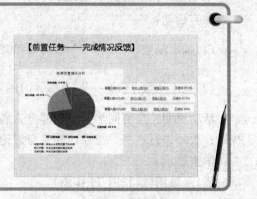

（案例提供：成都铁路中学校 税国亮）

案例 4-4

复合函数探究

问题：现在要研究 $f(x) = \dfrac{ax^2 + bx}{x^2 + 1}$（$a$、$b$ 不同时为 0）的性质，你打算采用什么方法？

预案 1：可以画出图像，根据图像归纳性质.

追问：这个函数中含有 a、b 两个字母，你怎么画它的图像？

预案：给 a、b 取具体数值，再画图.

追问：这是运用从特殊到一般的方法进行研究，那么给 a、b 取什么样的值呢？

预案：正数、负数和 0.

教师点评：我们通过给 a、b 取一些具体数值，画出相应函数的图像，然后从中归纳出函数的一般性质，这是我们在研究函数时经常使用的方法，也就是归纳推理. 但是这种从形到数、从特殊到一般的归纳是否一定正确呢？在归纳之后还需要从数的角度进行证明.

预案 2：有些性质可以借助学过的知识，直接研究. 比如求定义域、利用定义判断函数的奇偶性、利用定义求函数的零点等.

教师点评：利用已有的知识研究一种新函数的性质，这样的分析方法也是常常用到的. 尤其是可以直接解决的问题，就不需要经历先猜想再证明的过程. 但是对一些比较复杂的性质，是不容易分析出的，图像可以给我们提供直观感知，帮助我们确立研究的方向和发现结论.

预案 3：当 $a=0$ 时，函数 $f(x)=\dfrac{bx}{x^2+1}(b\neq0)$；当 $b=0$ 时，函数 $f(x)=\dfrac{ax^2}{x^2+1}(a\neq0)$，它们都变得简单了. 我们可以先研究简单的形式，然后再研究复杂的形式.

教师点评：这个思路非常好，也是我们研究问题时的一种常用办法——先简单，后复杂.

问题：请同学们根据刚才的探讨，确立本节课研究的方案.

预案：经过刚才的分析，统一方案——先特殊后一般、先直观后抽象.

（一）特殊情况， 自主探究

探究活动：

(1)画出函数 $f(x)=\dfrac{bx}{x^2+1}(b\neq0)$ 的图像，根据图像归纳性质，并证明你的结论.

(2)画出函数 $f(x)=\dfrac{ax^2}{x^2+1}(a\neq0)$ 的图像，根据图像归纳性质，并证明你的结论.

活动说明：全班同学分成两部分，各研究其中一个问题；每部分再组成四人小组进行探讨；教师进行巡视、指导，并参与讨论.

学生展示：

(1)函数图像(利用 TI 作图)

$$f(x)=\frac{bx}{x^2+1}(b\neq0)$$

观察图像归纳性质.

①奇偶性：奇函数.

②单调性：当 $b>0$ 时，$f(x)$ 在 $(-\infty,-1)$，$(1,+\infty)$ 上单调递减，在 $(-1,1)$ 上单调递增；当 $b<0$ 时，$f(x)$ 在 $(-\infty,-1)$，$(1,+\infty)$ 上单调递增，在 $(-1,1)$ 上单调递减.

③渐近线：函数以 x 轴为渐近线；

④最值：当 $b>0$ 时，$f(x)_{max}=f(1)=\dfrac{b}{2}$，$f(x)_{min}=f(-1)=-\dfrac{b}{2}$；

当 $b<0$ 时，$f(x)_{max}=f(-1)=-\dfrac{b}{2}$，$f(x)_{min}=f(1)=\dfrac{b}{2}$.

(2)函数 $f(x)=\dfrac{ax^2}{x^2+1}(a\neq0)$（内容与学生展示(1)类似，内容略）（见图 4-12 和图 4-13）

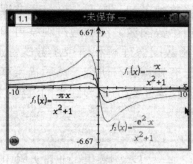 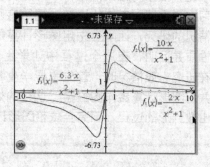

图 4-12　　　　　　　　图 4-13

(二)回归一般，提升能力

问题：下面研究 $f(x)=\dfrac{ax^2+bx}{x^2+1}(ab\neq0)$，你打算采用什么方法进行研究？

预案1：先为 a、b 取具体数值，画出相应函数的图像，然后归纳性质，并进行证明.

追问：两个参数 a、b 如何取值呢？

预案：先固定一个，改变另一个的值，然后再交换.

预案2：通过对特殊情况的研究，我们已经对这样的函数有了基本的认识，可以直接利用已经学过的知识进行研究.

探究活动：

请你研究 $f(x)=\dfrac{ax^2+bx}{x^2+1}(ab\neq0)$ 的性质，并给出证明.

学生进行分组研究，讨论后展示结论并给出相应证明（内容略）. 利用 TI 图形计算器做出函数图像并进行检验，如图 4-14、图 4-15 所示.

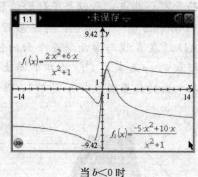 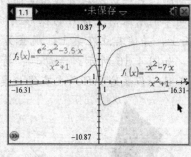

当 $b<0$ 时　　　　　　　当 $b>0$ 时

图 4-14　　　　　　　　图 4-15

❋ 案例分析

　　我国著名数学家华罗庚曾说过："数形结合百般好，割裂分家万事休."通过"以形助数"或"以数解形"即通过抽象思维与形象思维的结合，可以使复杂问题简单化，抽象问题具体化，从而达到优化解题途径的目的.通过长期对函数的学习，学生遇到未知的函数，更愿意画图像直观了解.因此，针对本节课对特殊情况的研究，让学生先用图形计算器画出函数图像，然后通过观察再归纳函数性质并证明，在这个过程中让学生运用函数图像理解和研究函数的性质，但是在研究一般情况时，首先引导学生利用已有知识进行研究，然后描绘其草图，并用图形计算器作图检验.这样的处理既让学生经历由形到数的过程，又经历由数到形的过程，不完全依赖图形计算器.

（案例提供：北工大附中叶欣老师）

案例 4-5

直线与平面平行的判定

　　《高中数学人教A版必修2》中"2.2.1　直线与平面平行的判定"以空间点、线、面的位置关系作为学习的出发点，结合相关实物模型，通过直观感知、操作确认（合情推理，不要求证明）概括出直线与平面平行的判定定理.

　　师：请同学们观察打开的教室门，为什么门扇的一边所在直线与门框所在平面给我们以平行的印象？

　　生：因为门扇是一个矩形，它相对的两边是平行的，当门扇绕着一边转动时，另一边所在直线与门框所在平面没有公共点，所以给我们以平行的感觉.

　　师：如果我们将一本数学书放在桌面上，翻动书的封面，封面边缘所在直线与桌面所在平面具有什么样的位置关系？这又是为什么呢？

　　生：是平行的位置关系.因为书的封面也是一个矩形，它相对的两边是平行的，封面绕着一边转动时，另一边所在直线与桌面所在平面没有公共点，所以是平行的位置关系.

　　师：请同学们用课前准备好的梯形模板一起做两个活动.活动一：将梯形模板的一腰 BC 放在桌面上，并使其立在桌上，观察另一腰 AD 所在直线与桌面所在平面的位置关系，并解释原因，如图 4-16 所示；活动二：将梯形模板的一条底边 CD 放在桌面上，并转动它，观察一下另一条底边 AB 所在直线与桌面所在平面的位置关系，如图 4-17 所示.

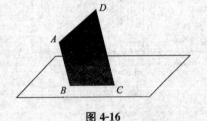

图 4-16

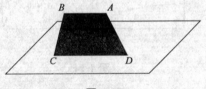

图 4-17

生1：在活动一中，AD 所在直线与桌面所在平面是相交的位置关系，这是因为梯形两腰所在的直线相交，因此直线 DA 与桌面所在平面相交，如图 4-18 所示.（教师用几何画板进行演示）

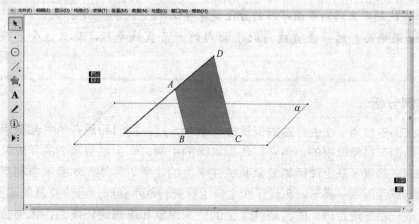

图 4-18

生2：在活动二中，底边 AB 所在直线与桌面所在平面是平行的位置关系.

生3：我不同意生2的观点．我认为在转动梯形时，如果始终保持梯形是立在桌上的，那么直线 AB 与桌面所在平面始终是平行的；如果梯形放倒在桌面上了，那么直线 AB 在桌面所在平面内．

听了生3的发言，同学们鼓掌表示同意．

师：根据这个活动，请同学们思考几个问题：问题1，直线 AB、CD 是否共面？

生：因为梯形两底边平行，所以直线 AB、CD 确定一个平面．因此，直线 AB、CD 是共面的．

师：问题2，将桌面所在平面记作平面 α，直线 AB 与平面 α 相交吗？

生：直线 AB 与平面 α 给我们平行的印象，它们不相交．

师：问题3，如果直线 AB 与平面 α 有公共点，那结果会怎样呢？

生：根据前面的分析，直线 AB、CD 确定一个平面，我们记作 β，如果直线 AB 与平面 α 有公共点，那么公共点应该在平面 α 与 β 的交线上，也就是在 CD 上，但这是不可能的．因此，直线 AB 与平面 α 没有公共点．

师：在正方体 $ABCD—A'B'C'D'$ 中（见图 4-19），与 AB 平行的平面有哪些？与 DD' 平行的平面又有哪些呢？

生1：与 AB 平行的平面有平面 $CDD'C'$ 和平面 $A'B'C'D'$．

生2：与 DD' 平行的平面有平面 $ABB'A'$ 和平面 $BB'C'C$．

师：通过刚才观察的打开的门、翻开的书、转动的梯形、熟悉的正方体，同学们能找到判定直线与平面平行的方法吗？

生1：一条直线与一个平面内的一条直线平行，那么这条直线与此平面平行．

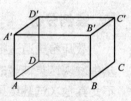

图 4-19

生2：我认为应该要求平面外的一条直线与平面内的一条直线平行．

师：你能举例说明为什么吗？

生 2：在转动梯形的过程中，如果梯形放倒在桌面上，仍然有直线 AB 平行于 CD，但此时直线 AB 在桌面所在平面内.

师：你能把判定直线与平面平行的方法说完整吗？

生 2：如果平面外的一条直线与此平面内的一条直线平行，那么这条直线与此平面平行.

案例分析

本案例中使用了学生身边的例子进行教学，打开的门和翻开的书都是学生非常熟悉但又经常忽视的，用它们作为本课的引例，学生感到亲切的同时又充满好奇感，起到了从上课伊始就紧紧抓住学生的效果．另外，本案例中利用数学中的简单图形——梯形，创设了学生自主探究、动手操作、合作交流的氛围，让学生进一步发现定理，同时培养学生的空间想象和思辨论证能力，体验合情推理这种重要的推理方式．本案例中最后使用的正方体模型是立体几何中的基本载体，也是学生特别熟悉的，利用它是为了丰富学生的感知，也是从生活实例回归数学模型，让学生更好地发现定理.

（案例提供：北工大附中叶欣老师）

案例 4-6

独立重复试验与二项分布

案例背景介绍：

这个教学内容是高中选修 2—3 第二章概率分布列的内容．独立重复试验是研究随机现象的重要途径之一，很多概率模型的建立都以独立重复试验为背景，而二项分布就是来自于独立重复试验的一个概率模型．一般地，称在相同条件下重复做的 n 次试验为 n 次独立重复试验．本节课的知识引入部分就是要帮助学生建立起这个概念.

处理 1：选择 PPT 幻灯片进行概念引入部分的教学，给出学生三个生活中的例子，然后指出三个例子分别做了三个数学试验，请学生概括出三个试验的共同特点.

案例分析

教师希望通过把 3 个实例（幻灯片 1）中所做的试验（幻灯片 2）抽象出来，让学生发现这类试验的共同特点是可以重复进行的，每次试验是独立的，其结果不受其他次试验结果的影响．选择幻灯片这个媒体进行教学引入，在媒体运用这方面达到了合格的水平，即能够选择教学媒体.

这种处理方式存在如下问题：一是学生在观看幻灯片 2 所抽象出的数学试验时，脱离了问题的背景，缺乏完整性；二是问题在幻灯片上呈现的过于简单，学生不知道教师究竟希望他们发现这类试验的什么特点．

处理 2：选择 PPT 幻灯片与导学案相结合的方式进行概念引入部分的教学．幻灯片呈现背景，提出新的问题让学生思考，利用导学案回答和分析问题，进行比较．

✳ 案例分析

通过幻灯片 1 将问题完整地呈现，利用红色凸显需要学生关注的数学试验，且没有脱离问题本身．在明确独立重复试验的概念后，抛出幻灯片 2 的问题，使学生明确研究的方向，知道从什么角度分析问题．这些问题的回答，对于研究独立重复试验的概念以及 n 次独立重复试验中事件 A 发生 k 次的概率都有帮助，所以不能一带而过，需要认真回答并进行比较，找到问题之间的共性．但是只利用幻灯片进行教学，学生对于问题的思考结果无法呈现，共性的结论需要落实在书面文字上，才容易发现规律，所以适时选择导学案，方便学生学习及教师对于学生学习过程的监控，使学生研究问题也有一定的方向性．选择幻灯片与导学案这两种教学媒体相结合的方式处理引入探究部分的教学，在媒体运用方面达到了良好的水平，即能够根据教学目标和内容合理选择并恰当运用教学媒体．

这种处理方式使课堂教学的进程更加流畅，教学的针对性更强，也使学生更加充分理解教师的意图，从而能很好地进行学习、探究、比较；有利于新知的推进．但是这种处理方式缺乏师生及生生间的互动，不利于教师对学生的学习过程与结果进行点评，不利于发现问题，也不利于学生彼此之间的交流．

处理 3：综合应用 PPT 幻灯片、导学案、希沃授课助手触控一体机（白板功能）这三种教学媒体．在处理方式 2 的幻灯片与导学案的基础上，教师利用"希沃授课助手"这个软件，及时将学生的学习结果拍照上传到"希沃白板"上，以进行点评、标注．

✳ 案例分析

综合采用这三种教学媒体，并根据需要在三者间进行熟练的切换，取得了良好的教学效果，整个教学流程比较自然、舒服，尤其白板的引入可以方便教师同时比较多个学生的成果，可随时进行放大、缩小、剪切、合并，并利用触控笔进行重点的标注、点评；而白板与幻灯片的切换，幻灯片的播放操作，使教师在白板上面的书写和利用触控笔都十分方便、快捷、自然．三种教学媒体相辅相成，使课堂的节奏紧密，节约了时间，也使教学重点突出．从课后的效果看，学生对于独立重复试验的概念理解得比较到位．选择这三种教学媒体相结合的方式处理引入探究部分的教学，在媒体运用方面达到了优秀的水平，即能够根据教学目标和内容合理改进并综合运用教学媒体.

选择什么样的教学媒体,要根据授课的内容进行合理的优化.以教学内容的顺利推进以及学生易于理解为前提,不需要花哨,不贪图媒体运用得多,以知识传播到位、取得最优的教学效果为最终目的.此外,现在可供选择的媒体呈现多元化的趋势,教师应该与时俱进,多掌握一些先进的媒体资源和工具,使课堂更加生动、授课更加游刃有余.

（案例提供：北工大附中王欣老师）

四、能力训练

（一）操作要点

（1）分析：通过分析教学内容、教学目标以及学情,正确选择教学媒体.

（2）预测：对所选教学媒体的每一个环节进行预测.

（3）设计：教学媒体选择设计表（见表 4-2）.

表 4-2

	学习目标	媒体类型	媒体内容要点	教学作用	使用方法	所得结论	占用时间	媒体来源
教学媒体选择								

（二）训练方法

（1）案例分析：通过听课,对教学设计文本或课堂实录中教学媒体的使用进行分析,指出教学媒体对本节课所起作用的优劣.

（2）自我训练：针对给出的课题撰写教学设计,试着用问题表合理选择教学媒体.

①所需媒体用来提供感性材料还是提供练习条件？

②该媒体是用于辅助集体讲授还是用于个别化学习？

③媒体材料与学生的认知水平相一致吗？

④视觉内容用静止图像还是活动图像来呈现？

⑤活动图像要不要配音？用电影还是录像来表达视听结合的活动图像？

请你选择一节课试着回答上面的问题,然后进行组内交流.

（3）课堂观察：在自己所在学校开展教学实践，课前先进行集体备课，合理选择教学媒体，听评课后合理改进教学媒体的使用.

（4）实战演练：在自己的教学课堂上实践，课前备课有预测和设计，课中随时留意教学媒体是否适合于自己学生的学情，课后注意反思，并合理改进教学媒体的使用.

选择教学媒体的程序：

①描述对媒体的要求（对媒体的期望具体化）

②采用合适的选择方法（问题表、矩阵式、算法型、流程图）

③列举符合要求的媒体，做出最佳选择（要考虑一些所谓实际因素，如获得的可能性、成本的值得性、使用的便利性、师生的偏爱性等）

④阐明媒体运用的设想（把知识点、学习水平与媒体的关系，及其应用方式表达出来，作为教学过程实施的参考）

⑤综合训练

教学媒体选择设计表如表 4-2 所示.

⑥结合自身或他人教学实践，写一篇关于"恰当选择教学媒体"的教学案例.

a. 小组活动：讨论本学科教学媒体的运用形式与特点，如表 4-3 所示（以一位教师的案例为例）.

表 4-3

学科			教学对象	
教学内容				
教学目标				
教学媒体使用情况描述	名称		效能分析	
	来源		使用情况	
	成功之处			
	不足之处			
	所起作用			
所体现的教育教学原理				
反思				

b. 自主活动：分析教学设计方案所需的教学媒体，制订合理的媒体运用计划，如表4-4和图 4-20 所示.

表 4-4

功能＼种类	实物演示	口头传播	印刷媒体	静止图像	活动图像	有声电影	教学机器
呈现刺激	Y	Li	Li	Y	Y	Y	Y
引导注意和其他活动	N	Y	Y	Y	Y	Y	Y
提供所期望行为的示范	Li	Y	Y	Li	Li	Y	Y
提供外部刺激	Li	Y	Y	Y	Li	Y	Y
指导思维	N	Y	Y	Y	Y	Y	Y
产生迁移	Li	Y	Li	Li	Li	Li	Li
评定成绩	N	Y	Y	Y	Y	Y	Y
提供反馈	Li	Y	Y	Y	Li	Y	Y

注：Y—有功能；N—没有功能；Li—功能有限

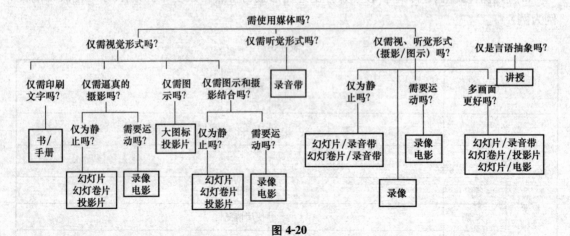

图 4-20

（三）训练活动

阅读教材　设计教学

活动1：案例反思交流

每位学员提供一篇案例，四人一组进行交流.

活动2：实际操作交流分享

实际操作几何画板、白板、图形计算器等.

五、反思评价

（一）正确运用教学媒体能力评价（见表4-5）

表 4-5

要 素	评价指标			权重
	优秀	良好	合格	
基本内容	能够根据教学目标和内容合理改进并综合运用教学媒体	能够根据教学目标和内容合理选择并恰当运用教学媒体	能够根据教学目标和内容选择运用教学媒体	0.3
选择教学媒体的依据	依据教学媒体的特征和功能、教学目标和内容、教师和学生的特征、媒体的经济特性和教学条件合理选择教学媒体	依据教学媒体的特征和功能、教学目标和内容较合理地选择教学媒体	依据教学媒体的特征和功能选择教学媒体	0.3
选择教学媒体的方法	合理选择教学媒体；恰当运用教学媒体；改进并综合运用教学媒体	合理选择教学媒体；恰当运用教学媒体	选择运用教学媒体	0.2
选择教学媒体的程序	列举符合要求的媒体，做出最佳选择，阐明媒体运用的设想	列举符合要求的媒体，做出较好选择	列举部分媒体，做出选择	0.2

思考与讨论

（二）考核试题

1. 选择题（多选）

(1)信息技术资源的开发与利用需要关注（ ）.

A. 将信息技术作为教师从事数学教学实践与研究的辅助性工具

B. 将信息技术作为学生从事数学教学实践与研究的辅助性工具

C. 将计算器等技术作为评价学生数学学习的辅助性工具

(2)媒体的教学功能包括（ ）.

A. 展示事实，获得直观经验　　　　　B. 创设情境，建立共同经验

C. 提供示范，便于模仿　　　　　　　D. 呈现过程，解释原理

(3)下列哪几项属于教育技术中有形的物化技术?(　　　)

A. 教学媒体　　　　　B. 学习资源　　　　C. 教学系统设计　　D. 教学资源

2. 简答题

教学媒体的选择大概有几种模式?分别是什么?你喜欢用哪种模式选择教学媒体?

3. 设计题

请您结合自身以往教学经验,独立设计一个教学媒体运用恰当的教学片段,之后与同组教师进行交流.

专题五 关注个体 分层指导

学习目标

1. 能够正确理解关注个体、分层指导的三个等级要求，并能够举例说明关注个体、分层指导的含义.

2. 能够说出关注个体和分层指导的相关理论，并能运用理论对所给案例进行分析.

3. 能够不断增强关注学生个体学习差异的意识，并能够根据教学内容和学生实际进行有效的学习指导.

品读

故事1：在《论语·先进篇》中提到这么一则故事：

有一次，孔子讲完课，回到自己的书房，学生公西华为他端上一杯水. 这时，子路匆匆走进来，大声向老师讨教："先生，如果我听到一种正确的主张，可以立刻去做吗?"孔子看了子路一眼，慢条斯理地说："总要问一下父亲和兄长吧，怎么能听到就去做呢?"子路刚出去，另一个学生冉有悄悄走到孔子面前，恭敬地问："先生，我要是听到正确的主张应该立刻去做吗?"孔子马上回答："对，应该立刻实行."冉有走后，公西华奇怪地问："先生，一样的问题你的回答怎么相反呢?"孔子笑了笑说："冉有性格谦逊，办事犹豫不决，所以我鼓励他临事果断. 但子路逞强好胜，办事不周全，所以我就劝他遇事多听取别人意见，三思而行."

故事2：在《论语·雍也》中记载了这样一句话："子曰：中人以上，可以语上；中人以下，不可以语上"，翻译过来就是孔子说："中等资质以上的人，可以告诉他高深的道理；中等资质以下的人，不可以告诉他高深的道理". 这是他教育思想的一个重要内容，即根据学生智力水平的高低来决定教学内容和教学方式.

思考：这两则故事说明了什么?

事实上，这是典型的"因材施教"的故事. 每个学生都是独立的个体，学生间无论是家庭教育还是思维方式都不可能完全一致，所以教师只有认清学生的"个性"，明确他们的"才智"，才能更好地对他们进行引导．也就是说，要想达到教育的最佳效果，就要从学生的实际情况、个别差异出发，有的放矢地进行有差别的教学，使每个学生都能扬长避短，获得最佳发展．

故事3：德国哲学家莱布尼茨在谈到"相异律"时曾经说过："天地间没有两片完全相同的树叶．"但是后来，他讲"同一律"时又说："天地间没有两片完全不同的树叶．"

思考：请问这两句话说明了什么问题呢？

没错，从哲学的角度上看，莱布尼茨说的是矛盾的特殊性和普遍性．而从教育的角度上看，虽然每个学生都有自己的个性，但是在班级授课制的大环境下，他们又存在着共性，比如他们年龄相仿、心智相似等．因此如果能够针对不同学生的特点，将学生恰当分层，设计合理教学活动，就能更好地培养学生能力，提高教育教学质量．

一、热身活动

我们知道，教学设计中不可或缺的重要环节是学情分析．它是教学目标设定的基础，也是教学内容的分析依据，更是教学设计的实践依据．但是学情分析，除了分析学生在学习新知时的知识储备、可能会遇到的困难之外，还要分析不同学生在学习过程中所体现出来的个性差异．这样才能在保证全体学生常规教学的基础上，针对不同学生，采取个性化的教学方案，促使每个学生都能学有所获、学有所成．

活动1：问题驱动　深度反思

问题1：请回顾日常的数学教学实践活动，您是否对某些(个)学生特别关注过？您特别关注他们(他)的理由是什么？

问题2：请举实例说明，您都关注了学生的哪些方面？那些受到您特别关注的学生是否有所回应？有哪些具体的表现？

问题3：您在数学教学实践中，是否尝试将学生分类？您分类的标准是什么？您又是如何对不同类型的学生进行辅导或者指导的？

活动2：交流分享

请将您的回答与同组教师进行分享交流．

通过彼此交流，现在的您可能已经有了疑惑，即到底应该从哪些方面关注学生的个体差异？而在教学中又应该如何看待这种差异？怎么才能真正做到因材施教？相信您一定能在之后的学习中找到答案．

编者的话

由共性和个性的辩证关系我们知道，即使学生的个性特点千差万别，他们也存在一定的共性．所以在集体教学时，教师可以也应该根据学生的共性采用统一的教学途径．

例如在初中数学的教学中，教师需要认识到初中生通常自我意识高涨，逆反心理明显，而且自学及抽象思维等能力发展都不够完善，因此，初中数学教师需要在顺应学生心理的基础上以积极引导和劝服教育为主，尤其注意不要强制学生，以硬碰硬．对数学知识的讲解也要注意数学知识与实际生活的相互渗透，还要注意抽象知识的形象化．

对于高中生，他们的自主意识、民主意识和平等意识较强，知识面较广，思维也相对活跃．但是他们的思想往往较为单纯和幼稚，思考问题比较片面．对此，高中教师在数学教学中，应当尽量使用引导探究的教学方法，充分发挥学生的主观能动性；讲授要注意对题目的深度挖掘和对学习方法的总结，帮助学生全面深入看待问题．比如通过一题多变来达到举一反三的效果，或者通过一题多解深度发散学生思维．

显然，共性不能包含所有的个性，因此教师在教学中把握集体教学过程和结果的同时，又要善于采取不同的教学途径兼顾到各个学生的差异，使每个学生都得到适合自己的全面发展．比如对成绩差的学生进行课后辅导；对轻易就能学好数学的学生，提高其作业难度，留给他探索空间；对内向迟缓的学生，要求其进行限时训练，鼓励其勇于发言；对口头表达不畅的学生，多给予发言机会，提升其表达能力；对胆怯的学生，多加引导鼓励其参加集体活动，增加交流机会等．

二、标准解读

数学是一门抽象的学科．中学阶段，学生的抽象概括和逻辑思维能力不够完善．因此，针对中学数学，教师应该采取有效的教学手段来实现优质的数学教学．为此，教育部实施了新一轮的中学数学课程改革，制定了《义务教育数学课程标准》和《普通高中数学课程标准（实验稿）》．课程标准中贯穿了"以人为本"的中学数学教学思想，强调数学教学面向全体学生，注重学生的全面发展和个体差异．需要注意的是，全面发展和面向全体不等于一刀切、整齐划一的发展，而是强调在所有学生基本素质都得到全面发展的前提下，鼓励每个学生的个性发展．

而从操作方式来看，实际上在课堂教学过程中，很多教师都或多或少地体现了对个体差异的关注，比如，在教学过程中针对不同水平的学生提出不同难度的问题，或者课下对"学困生"进行指导．但关注个体，分层指导真的这么简单吗？

《普通高中数学课程标准（实验稿）》就指出："数学教学要体现课程改革的基本理念，在教学设计中充分考虑数学的学科特点，中学生的心理特点，不同水平、不同兴趣学生的学习需要，运用多种教学方法和手段，引导学生积极主动地学习"．

这就要求教师关注学生在认知水平、学习习惯、个性特点、兴趣爱好等方面的差异，并把这些差异作为可以开发的教学资源，对学生进行有差异的教学，以使不同学生的成绩都得到提升，不同学生的需求都得到发展．

而《标准》对"关注个体，分层指导"有明确要求，如表5-1所示．

表 5-1

关键 表现领域	能力要点	合格	良好	优秀
学习 指导 能力	关注个体 分层指导	能够观察各类典型学生的反应，对边缘学生予以特别关注，并能够适时对学生进行个别指导	能够了解不同学生的个性特点、学习风格和学习态度，对沉默和边缘的学生进行情感和智力支持	能够通过不同的教学方式照顾不同学生的学习基础、个性特点和学习风格，并能够布置有一定层级的学习任务

（一）要点注释

1. 对合格水平的要求

合格：能够观察各类典型学生的反应，对边缘学生予以特别关注，并能够适时对学生进行个别指导.

(1)典型学生.《标准》中所提到的"典型学生"可以从多种角度进行界定，其中常见的界定是直接通过成绩界定为学优生、中等生、学困生，也可以通过知识、智力和非智力因素的交互作用将其分成四类学生(见表 5-2).

表 5-2

非智力 ＼ 智力	较好	较差
较好	A	C
较差	B	D

首先要说明的是这里的学生指的是智力水平在正常范围内的学生，智力超常和智力低下的学生都不在研究的范围内. 因此在日常学习中，A 类学生、C 类学生常表现为学业成绩优良；B 类学生、D 类学生常表现为学业成绩不良.

(2)边缘学生. 边缘化一词来源于社会学. 何谓边缘化？它是一个比较抽象的说法，就是非中心、非主流，或者说被主流(主流社会、主流人群、主流意识形态、主流文化、主流经济等)所排斥，所不包容.

目前，对边缘学生的概念并未形成统一的认识，但是大致有以下三种划分：

一是从群体上划分，指的是性格孤僻、价值观偏激、远离集体的群体边缘生.

二是从成绩上划分，指的是分数介于优秀与良好之间，或者良好与合格之间，或者合格与不合格之间的成绩边缘生.

三是从课堂参与上划分，指的是课堂生活中积极体验缺失的课堂边缘生. 而课堂活动中学生"体验缺失"的主要表现为：没有主动参与的意识，不能有效捕捉教师或其他学生提供的有效学习信息，不能理解所学课程中的丰富的审美信息等.

(3)个别指导. 个别指导指的是在课堂上及时给予走神的学生以适当的提醒，给学习有困难的学生以恰当的帮助，利用提问、目光交流、走动接近、个别指点等形式，调动沉默和边缘的学生学习的积极性，或者是课下的单独辅导等.

2. 对良好水平的要求

良好：能够了解不同学生的个性特点、学习风格和学习态度，对沉默和边缘的学生进行情感和智力支持.

（1）典型学生的个性特点（见表 5-3）.

表 5-3

通过智力和非智力因素的交互作用将学生分类	性格特点
智力较好、非智力因素较好的 A 类学生	反应敏捷，好强自信，细致认真，兴趣广泛
智力较好、非智力因素较差的 B 类学生	反应快，但粗心大意，缺乏自制力，喜欢想入非非
智力较差、非智力因素较好的 C 类学生	喜欢独立思考，循规蹈矩，细心负责，善于忍耐退让
智力较差、非智力因素较差的 D 类学生	缺乏自制力，做事较粗心，显得缺乏责任心，遇事好冲动，常有自卑感

在成绩优良学生中，虽然 A 类学生与 C 类学生是以不同的学习风格去获得优良成绩的，但他们都具有好强自信、富有独立性、意志坚毅、自制力强的良好人格特征. A 类学生较 C 类学生反应敏捷、学习效率高、富于创造性、兴趣性强、胆大冒险；C 类学生反应较迟钝，缺乏创造性，但他们显得比 A 型学生更细心负责、踏实、随和、顺从，性格倾内向.

（2）不同性格学生的个性特点. 心理学中，人的性格通常被简单分为内向型和外向型两种（见表 5-4）.

表 5-4

按性格分	性格特点及课堂表现	情感、智力支持
内向型	容易抑郁寡欢，常常焦虑和担心，总感到烦恼和压力，易产生厌学倾向. 而由于缺乏自信，他们在课堂上一般比较沉闷，不愿主动举手回答问题，更不敢主动和老师、同学交流一些学习和生活中的问题	在教学之余应主动和内向型的学生多交流，针对他们的心理问题提出一些有用的建议以消除他们的烦恼. 教师还可以在课堂上多向他们提问，课下多鼓励他们参与集体活动，并及时肯定他们取得的成绩和进步，从而提升他们的自信. 此外，对于犯错误的内向型学生，教师应当注意不要给予过分批评，以维护他们的自尊
外向型	一般活泼好动，积极主动，好出风头，喜欢表现自己，但是较为急躁，常常粗心大意. 外向型的学生通常开朗活泼，乐于与人交往，勇于表达自己的思想情绪，善于处理各种事务和关系. 在课堂上，外向型的学生常常表现活跃，能够迅速响应教师提出的问题，并积极举手回答	在数学教学中，要多地给他们提供自我表现的机会，比如选他们做数学课代表或者组织一些数学竞猜等课外活动，使他们的优势得到发展. 同时也要注意到，外向型的学生因为粗心大意，往往观察不够细致，分析问题也比较片面，因此，在提问和课下的辅导中要注意在不影响其积极性的基础上，引导他们放慢速度，仔细思考和分析问题. 另外，外向型的学生一般自控能力较差，需要与家长共同对他们在各个方面进行严格管理

(3)不同气质学生的个性特点

气质：它是人典型的、较为稳定的心理特征，具体表现为心理反应速度的快慢，保持注意时间的长短以及思维活动的灵活性程度．气质的四种典型类型是胆汁质、多血质、黏液质和抑郁质(见表 5-5)．

表 5-5

按气质分	性格特点	情感、智力支持
胆汁质	直率热情，精力旺盛；脾气急躁，易于冲动；反应迅速，但准确性差．在正确的教育下，他们能具备坚强的毅力、主动性、热情和独创精神；在不良环境影响下，他们可能出现缺乏自制、急躁、易激动等不良品质	此类学生行动利落、果断勇敢，但经常会行为鲁莽，表现急躁，而且情绪变化剧烈．因此在对他们进行教育时，要注意摆事实讲道理，态度诚恳，耐心说服，尽量做到以理服人，切忌急躁和简单粗暴，避免加强他们的激动情绪，造成矛盾激化．结合一些由于莽撞犯错的实例及酿成的不良后果和有效的思想教育，培养他们遇事沉着冷静、善于自制的习惯
多血质	活泼好动、反应迅速；不甘寂寞，善于交际；接受新事物快，但印象不很深刻，注意力容易转移；情绪和情感易于产生也易于改变．在正确的教育下，多血质的人可以培养出高度的集体主义情感，对学习、劳动、社会生活有积极主动的态度；在不良教育下，可能表现出轻率、疏忽大意、散漫以及对自己的能力评价过高等不良行为和态度	此类学生一般热情活泼、喜欢交际，并表现出较强的适应能力．因此，在一些数学课外活动中，他们作为活动的负责人，很容易带动其他学生参与活动
黏液质	反应缓慢，沉默寡言；善于克制自己，情绪不易外露；注意力稳定但又难于转移；善于忍耐、沉着坚定，不尚空谈，埋头苦干．其显著特点是安静均衡，在正确的教育下，黏液质的人容易形成勤勉、实事求是、坚毅等特性；在不良影响下，则可能发展成为萎靡、消极、怠惰以致对人甚至对己都漠不关心、冷淡顽固等不良品质	此类学生不善于言谈，不善于表露情绪，所以应多动员他们参加集体活动，多给他们在学生集体面前表现的机会，并且及时发现和肯定他们取得的成绩．还要在课外辅导时多跟他们进行心理交谈，了解他们内心的情感问题，建立良好的师生关系，并帮助他们解决烦恼
抑郁质	心思细腻、多愁善感；行动缓慢、内向；情感体验深刻，情绪不易于外；观察能力强，善于觉察到别人不易发觉的小事物．在顺利环境下，在友爱的集体里，可以表现出温顺、委婉、细致、坚定、能克服困难、富有同情心等优良品质；在不利条件下，可能表现出伤感、沮丧、优柔寡断等不良品质	此类学生多愁善感，沉默寡言，不善交际，有时会因为一件小事影响心境很久，耐受力较差．因此，首先要多接触他们及其家人朋友，关心他们内心的优虑，并引导其他学生多给予他们关怀和帮助．然后在他们能够接受的范围内对他们提出适当的要求，有意识地鼓动他们参加集体活动，使他们通过与其他学生的交流和互动消除胆怯等不良心理，逐渐变得乐观活泼．即使他们犯错，也不能在公开场合严厉指责他们，而是私下采取和蔼可亲的态度，用他们可以接受的语言，比如"你这样做并非不可，但是如果怎样就会更好"指出他们的不足之处，防止他们钻牛角尖

(4)学习风格．学习风格也称为认知风格，作为个体差异的一个重要方面，是指个人在感知记忆和思维过程中经常采取的"习惯化"的态度和风格．学生的学习风格可以从多种角度进行划分，其中比较著名的划分是场独立型与场依存型．

场独立型与场依存型是认知风格中研究最早、最多的一个领域，是认知风格的核心问题．根据人们从一个复杂图形中找出一个简单图形的能力，将其归属为场独立或场依存的不同类别，如表 5-6 所示．

表 5-6

	场独立	场依存
思维方式	以解析的知觉、连接的方式获得经验，就现有的情境能够进行组织思维；喜欢抽象思维，擅长分析	整体的直觉方式，易受别人批评的影响，需要借助外界提供组织或结构思维，不擅于抽象逻辑思维
教学中的互动情形	喜欢独立思考，独自完成作业、工作，不需要教师的指导帮助	喜欢合作交流，与同学共同达成目标，希望得到教师的引导肯定
课程学习	对课程的学习重视概念理解并能够自己赋予意义，喜欢探究发现式学习	对课程的学习需要做详细的解释，喜欢以故事方式说明概念
学习动力	喜欢自己尝试新的工作，学习中能够自我设定目标，以自我增强、自我勉励激发学习动力	强调同伴或教师口头的表扬，借别人显示工作的价值和提示目标，以激发学习的动力
学习新知方面	善于捕捉到题目中隐含的信息，能够很快地将所学的新知识融入原有的认知结构	习惯采用原有的思维模式，新学的知识难以很快被同化到原有的知识结构中，这可能与平时的不断重复训练有关；一个新的知识内容总是要经过多次重复操作才能习惯反应
总结反思方面	善于自我监控、调节，主动、积极地通过自己的思考方式总结出适合自己的学习策略	过多依赖教师，不善于对自己的学习过程进行反思、总结

3. 对优秀水平的要求

优秀：能够通过不同的教学方式照顾不同学生的学习基础、个性特点和学习风格，并能够布置有一定层级的学习任务．

(1)对不同性格的学生而言(见表 5-7).

表 5-7

按性格分	教学方面
内向型	内向型的学生往往思维缓慢，在学习中偏重于机械记忆和直观感受，缺乏数学学习必需的抽象思维能力和分析综合能力．但是教师也要注意到他们通常学习较为踏实、认真和专注，并坚持不懈地完成自己的目标．因此，教师可以要求他们的学习内容不要太多，进度也不要太快．教师只有注重让他们认识到知识的形成和发展过程，才能培养他们的分析理解能力和抽象思维，促使他们发挥持之以恒的长处，使其循序渐进地完成学习内容

按性格分	教学方面
外向型	外向型的学生思维敏捷，接受新知识的能力较强，因此，应该在保证其完成统一进度下的学习内容的基础上，加大他们的课外学习量，引导他们自主学习，强化他们探索新知的动力，避免出现不满足于现状、轻视数学、失去深入学习的热情的现象

　　比如笔者教过的 L 同学，性格内向，数学成绩也较差，平时少言寡语，很少主动与人交流，上课也倦怠消极，不愿发表自己的看法．一次笔者布置了一道与课堂上类似的习题作为作业，结果是大部分学生都采用了课堂上笔者所讲的方法，但 L 学生使用了别的方法．笔者抓住这个机会，主动跟他交流，得知他上课的时候没有听懂那种方法，课下也不敢向老师和同学求教，所以只能自己认真思考求解习题．笔者没有怪他，先赞赏了他的思维方法独特巧妙，然后耐心给他讲解了课堂上的解题方法，最后鼓励他面向全体同学讲解自己的方法．虽然他并没有讲解得很清晰，但是同学们都听懂了．此后，笔者在课堂上时不时提问他简单的问题，课下主动与 L 学生交流，鼓励他参与数学集体活动，而后 L 学生逐渐变得开朗起来，数学成绩也有所提升．

　　(2)对于不同气质的学生而言(见表 5-8)．

表 5-8

按气质分	教学方面
胆汁质	他们精力旺盛，在学习中往往投入极大的热情，并维持较集中且较持久的注意力．因此，在教学过程中可以交给他们比较复杂和困难的学习任务，并在任务完成后针对他们在学习中表现出的积极性和热情给予高度肯定，以培养他们勇往直前，积极进取的学习精神．又由于好胜心较强，胆汁质的学生在学习上和工作中也常常为达到成功不惜付出更多努力，但是，也往往会忽视学习和做事的方法策略．因此，教师应该在保护他们学习热情的基础上，利用辅导时间教给他们一些具体的学习方法和做事方法．同时，在学习和作业中教师要留给他们充足的时间，在课堂提问他们的时候注意引导他们先思考，形成一定思路后再回答，并要求他们做作业的时候讲究步骤的书写
多血质	多血质的学生由于反应迅速、思维敏捷、灵活并善于动脑，在学习和其他活动中效率较高．教师可以在他们完成基本的学习任务后，利用他们头脑灵活的优势，给他们布置一些具有探索性的实践问题，使他们的技能得到切实提高．但是多血质的学生由于对待一件事情不够专一，常常做事不够仔细并难以坚持到底，因此要及时指出他们学习中不能集中精力、专心致志的缺点，并对他们提出严格要求．另外在教学中，不要给他们布置太多任务，但是对每一个任务都要求他们做到最好，而且要求他们在平时的学习中分段制订学习目标和计划，并引导他们按照计划埋头苦干，努力达到目标，并养成扎实稳妥、认真专注的品质
黏液质	黏液质的学生接受新知识较慢，适应能力较低，但记忆稳固、忍耐力强、注意持久、善于持久工作和学习．因此，当他们学习反应较慢时，不要训斥他们，而是先表扬他们学习稳定有耐心的优点，然后让他们在平时的学习中限时训练提高学习效率．另外，由于很少产生激情、不善灵活思考，黏液质的学生一般行为和思维较为刻板．对于这种问题，教师要给他们提供一些稍具探索性的新问题或习题的变式，通过鼓励和引导他们探索这些问题，促使他们发散思维，形成灵活敏捷的思考方式

续表

按气质分	教学方面
抑郁质	抑郁质的学生大多观察力强、敏感性高、做事仔细，常常能够发现别人观察不到的细节．教师可以利用他们善于思考、谨慎细致的优势，让他们处理一些需要细心和耐心的任务，并及时肯定其做法，树立他们的自信心

值得一提的是，虽然按照气质划分学生主要分为以上四种，但是大多数学生并不简单地表现为单一的某种气质类型．很多学生都是以某一种气质类型为主导，并兼带其他气质类型的特点．因此，教师在教学过程中要充分了解学生特点，洞察不同学生的不同气质类型，并针对不同学生的气质类型特点因材施教，使每个学生得到与自身相符的教育，从而得到相应提高．

(3)对于不同场认知风格的学生而言．理想的教学方式是教师选择与学生认知风格相一致的教学策略，也就是根据学生的个体差异进行个别化教学，对场独立型学生鼓励独立研究、设计，对场依存型学生鼓励合作与讨论．但如果真正在教学中实施，这将是十分繁重而不现实的．

因此在实际教学过程中，只要教师认识到场认知风格对学生的学习可能会产生影响，有意识地灵活设计教学策略，提供多种学习方式，在反馈方式上区别对待不同个体，就可以产生良好的效果．比如在教学的过程中，针对场依存型学生的思维具有局限性这一特点，教师可适当采取变式训练的形式，拓宽此类学生的视野，打破其思维定式，促使他们从不同途径、不同侧面，采用不同方式对同一内容进行学习．而这对其他风格的学生不会产生消极影响，反而也会使他们的思维方式越来越灵活．

但是要防止学生一味地机械模仿，应使练习的思考性具有合适的梯度，并向学生提供用各种形式给出问题条件的机会．不是简单地重复，而是各有侧重，将会使学习者获得对事物更深入的理解，以及对事物内在性质和事物间相互联系的全面掌握和认识上的飞跃；将有助于学习者克服知识迁移中的障碍，提高知识迁移能力．

另外，场认知风格是个体所拥有的比较稳定的并且是无意识中较偏爱的学习方式，因此，教师可采用多种方式如测验、访谈等帮助学生认识到自己的场认知风格倾向，从而使其在学习过程当中根据学习任务来有意识地调整自己的学习方法与策略，适应数学学科的要求，最终掌握适合本身特点的学习方法．

虽然场认知风格在一定阶段内是稳定的，但它也是可变的，具有一定的可塑性，比如场独立型会随着年龄的增长而不断提高．因此，要用发展的眼光看待学生的学习；也应当鼓励学生以发展的眼光来看待自己的学习状况，关注自己的每一点进步．

教师应让学生了解到场认知风格并无好坏之分，每种场认知风格在不同学科的学习上有其优势也有其劣势，不同的风格在学科上可能会有自己的偏好，但在科目成绩上不一定有差别，因此只要找到适合自己场认知风格的学习方法与策略就能够在学习上有所建树．但是一般而言，场独立型学生的数学成绩更好．因此，场依存型学生要发挥主观能动性，有意识地改变自己固有的学习风格，以适应数学学习．

（二）要素提炼

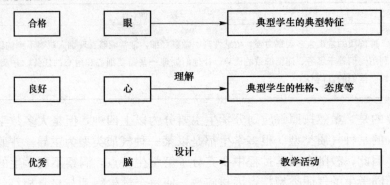

关注个体、分层指导并不是教育领域的新话题，而是群体因材施教的重要方法．从界定中就可以看出来，合格层次要求教师用眼睛去看，观察学生外显的特征，对学生进行关注与指导．这种关注也许是合适的，也可能导致学生的反感，因为在这一层次，仅仅是通过学生外显行为而做出的判断，没有更深层次地挖掘学生的不同．

良好层次要求教师用心去理解、挖掘学生外显特征背后的内在因素，根据学生的不同性格、学习态度、学习风格等对他们进行有针对性的情感和智力的支持，让学生能够接受并有所发展．

优秀层次就不仅要求教师对学生进行个别指导，而且要求教师以学生客观存在的学习及能力方面的差异为前提，并以此为依据，按照不同标准将学生分为若干小组（外显或者内隐）．教师针对这些小组的不同特点及需求分层备课、授课、布置作业、辅导以及评价，以控制教学进度，既能最大限度地提高课堂效率，又为每位学生提供最适合他们的学习指导和发展环境，使每个学生都能全面发展．

三、案例分析

案例 5-1

教 学 目 标 中 的 分 层

本案例按照学生的成绩以及接受程度进行划分，分成 A、B、C 三个层次．A 层是数学成绩优秀、接受能力强的学生；B 层是数学成绩中等、接受能力一般的学生；C 层是数学成绩较落后、学习困难较大的学生．

例如，可以将"解一元二次方程"的教学目标分为以下三个层次：

A 层：能够熟练运用求根公式，弄清原理，独自推导出求根公式．

B 层：熟练运用求根公式，并了解求根公式推导的全过程，尽量会推导．

C 层：要求识记求根公式，能够直接用公式求解．

（周香《班级授课制下初中数学分层教学的策略研究》）

✱ 案例分析

　　因为数学目标具有导向和评价作用，所以目标的确定非常重要，分层教学也不例外．分层目标制定的是否科学明确，直接决定了分层教学的教学任务能否完成．

　　但是分几层？按什么分层？每个层次的教学目标应该如何制定？这些是值得探讨的问题．从分层标准的制定上看，本案例是将学生的知识基础、潜在能力两者结合，并据此将学生分成 A、B、C 三层．这样的分层兼顾学生的基础与发展，是有一定的合理性的，而且比较便于操作．从分层目标的制定上看，本案例从知识的深度、广度以及灵活运用等方面对每个层级的学生都制定了具体的教学目标．而且在制定目标的时候遵循了"保底不封顶"的原则，即要求学生通过努力，达到数学新课程标准的基本要求，同时鼓励学有余力的学生向前发展．因此，在设置教学目标时可以按照以下标准进行：

　　A 层："不封顶"，即对于在数学上学有余力的学生，鼓励他们加深和拓宽对数学基础知识和基本技能的学习，加强他们灵活运用所学知识解题的能力．

　　B 层：按照大纲要求，掌握基本知识，并在此基础上适当地进行拓宽和加深．

　　C 层："保底"，即要求清楚基本概念，掌握基础知识，通过努力，达到大纲标准．

　　其实对于 C 层学生而言，一般的教学内容可能也较困难．因此，在数学学习中，教师增添的比较抽象和复杂的内容可不要求他们理解，以便他们可以有更多的时间反复强化，巩固最基本的知识技能．

　　确定分层教学目标时，过高要求要坚决降下来，对于通过努力学生仍达不到的要求不强制实施．对制定的各层次的教学目标，在以后的教学实践中，可不断修改和完善．

⫷⫷⫷ 案例 5-2

课堂提问中的分层

　　本案例同样将学生分成 A、B、C 三个层次．A 层是数学成绩较好，并掌握有效的学习方法，学习习惯较好的学生；B 层是数学成绩一般，没有系统完善的学习方法和习惯的学生；C 层是数学成绩较差，数学学习较为吃力的学生．

　　例如：在讲解两平面垂直的判定定理时，教师首先根据生活中常见的实例设问：黑板所在的平面与地面所在的平面相交，那么它们所成的二面角如何表示？度数是多少？这两个问题可直接利用所学知识解答，较为基础，可提问 C 层学生．

　　接着教师提问线线垂直的定义，并引导学生类比此定义，利用二面角的平面角大小给面面垂直下定义，并总结归纳准确定义．这个问题在书本知识的基础上强调类比归纳思想的运用，对学生的抽象归纳和知识迁移能力有所考查，主要面对 B 层学生．

然后，教师站在稍高于学生智力发展的层次提出实际问题：工程建设中，建筑工人常利用一段系有铅锤的线来检查墙面是否与地面垂直．当线与墙面紧贴则判断墙面与地面垂直，否则不垂直，为什么？这个实际问题的数学理论依据是什么？你还有其他方法来检验两平面垂直吗？这几个数学问题来源于实际生活，又与物理知识有着较大联系，主要在于提高 A 层学生数学知识的探索和综合应用能力．

（洪笑茹《中学数学因材施教策略研究》）

✳ 案例分析

本案例同样将学生分成 A、B、C 层，但是分层的标准与上例不完全相同．本案例在学生的划分上，不仅考虑了学生的学习成绩，还考虑了学生的学习方法与学习习惯(非智力因素)．但是遗憾的是，在问题的设置上并没有体现出对学生非智力因素的关注．因此，笔者认为在本案例中，其实没有必要考虑学生的非智力因素，只考虑学生的学业水平与智力水平即可．因此可以将学生层次重新制定为以下三种：A 层是数学成绩较好，能力较强的学生；B 层是数学成绩一般，能力一般的学生；C 层是数学成绩较差，能力较差的学生．

这样在问题的设置上就可以做到：对于 A 层的学生，给他们补充一些探索性的、思考性强的内容，以激发他们的求知欲望，提高他们的数学思维能力．对于 B 层学生，应当关注其思路的构建过程，提升其分析问题、解决问题的能力，使其向 A 层学生发展．另外，通常在讲授基础知识及其巩固练习时，提问基础较差的 C 层学生一些容易回答的问题，检查他们的理解程度，在他们回答正确时给予适当表扬，有效地保护他们学习数学的热情．

对于课堂中的一些知识概括性问题和拓展延伸性问题，要结合提问 A、B 层次的学生，保持 A 层学生的钻研精神，激发 B 层学生主动探索．

在讲授比较抽象的知识或者比较综合的习题时，也可以提问 C 层的学生，并让 B 层和 A 层的学生给予评价，利用 C 层学生在数学学习认识上的不足，让 A 层和 B 层的学生把疑难问题展开，进行知识的深入探索，一方面使 C 层的学生认识到自己的不足，另一方面也带动了 A 层和 B 层学生的学习主动性和积极性．

对同一个题目的提问，也可针对多个层次的学生．比如那些含有多解或者巧解的问题，只需要求 C 层的学生用基本的方法解题即可，而要求 A、B 层的学生尽量用多种解法来解题．这种提问能够较好地照顾到各层次学生的学习差异之间的矛盾，使其各有所得．

显然，在课堂上，想要使每个学生都通过教师提问和释疑获得相应的进步，教师在授课过程中就要做到把每个层次学生的要求都进行定位，通过层次性的提问和释疑，使各层次的各个学生都表达自己的想法，得到相应的帮助和进步.

当然，考虑学生的非智力性因素也是十分有必要的，但是学法指导还是放在个别辅导的时候进行效果较好.

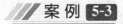 案例 5-3

课堂指导中的分层

在学习人教版"直线与方程"一课时，教师准备了一道例题：

例：在三角形 ABC 中，已知 $A(4, -1)$，AC、AB 的高线所在方程分别为：$x-y-1=0$；$x-1=0$. 求 BC 边所在的直线方程.

题目展示后，教师留给学生 3 分钟的做题时间.

不到 2 分钟，学生 A 未经教师同意就开始大声说出正确答案. 教师并没有生气，而是说："你做题很快，但是要照顾一下那些还没有做完的同学. 请你先在下面整理好思路和步骤，一会儿这道题由你来讲."

此时班里同学 B 在与其他同学窃窃私语. 教师走到他们身边，检查他们的步骤和答案无误后说："做得不错，但是注意不要打扰别的学生学习. 做完一道题我们还要认真反思，举一反三，争取会做一类题. 比如这道题目，如果我们把高线改成对应边的中线，那应该如何求得 BC 边所在的直线方程呢？这个题还能发生别的变动吗？你先思考一下，一会儿也可以讲给其他学生听."该生听后，开始接着探索其他变式，思维得到了发散.

教师发现学生 C 还在不紧不慢地做题，看了下他的做题步骤道"你的步骤写得非常规范，思路非常正确，但是要稍稍加快速度啊！"

而学生 D 还在眉头紧锁，并在教师走到其身边时表现出不安. 教师温和地说："没关系，有什么想法先说来听听."学生怯怯地："直线 $x-y-1=0$ 与 $x-1=0$ 的交点是三角形的垂心."教师赞赏地说："你能注意到这个非常好，看来你很熟悉平面几何的知识."接着，教师顺着学生的思路，耐心地引导学生理解了这道题的做法.

✿ 案例分析

这个案例的四个学生其实代表着四个气质类型. 而教师恰好针对他们的不同特点给了不同的评价和任务. 这就使胆汁质的学生 A 意识到自己的浮躁，沉下心来学习，为给同学讲好例题悉心准备；多血质的学生 B 则发散了思维，专心探索这个例题的其他变式；黏液质 C 的学生也认识到自己速度较慢的缺点，逐渐加快速度；而抑郁质 D 的学生既受到了鼓励，建立了自信心，也开始在教师的引导下尝试解决问题.

由于性格表现为一个人应答事物时反复的态度和行为方式，因此在教学过程中，如果能掌握每个学生的性格，就能据此预测不同学生在特定条件下会做出什么不同的行为，这就能够使教师在教学过程中占据主动地位.

案例 5-4

课后作业中的分层

布置分层. 例如学习完人教版必修二第三章"两点间的距离"一节，教师分层布置作业.

(一)基础题

(1)求下列两点间的距离：

①$A(6, 0)$，$B(-2, 0)$；

②$C(0, -4)$，$D(0, -1)$；

③$P(6, 0)$，$Q(0, -2)$；

④$M(2, 1)$，$N(5, -1)$.

(2)已知点 $A(a, -5)$ 与 $B(0, 10)$ 间的距离是 17，求 a 的值.

(二)中档题

(1)$\triangle ABC$ 的三个顶点是 $A(-1, 0)$，$B(1, 0)$，$C\left(\dfrac{1}{2}, \dfrac{3}{2}\right)$，试判断三角形的形状.

(2)在 x 轴上求一点 P，使 P 点到 $A(0, 3)$、$B(4, 5)$ 距离之和最小.

(三)提高题

求函数 $f(x)=\sqrt{x^2+(y-3)^2}+\sqrt{(x-4)^2+(y-5)^2}$ 的最小值.

例如在学完人教版三角形相似后，根据例题布置作业.

例题：如图 5-1 所示，$\triangle ABC$ 是等边三角形，$\angle DAE=120°$，求证：$\triangle ABD \backsim \triangle ECA$.

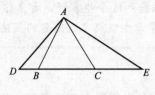

图 5-1

作业：

(一)基础题

如图 5-1 所示，$\triangle ABC$ 是等边三角形，$\angle DAE=120°$，求证：$BC^2=DB \cdot CE$.

(二)中档题

如图 5-1 所示，$\triangle ABC$ 是等边三角形，$\angle DAE=120°$，$BD=2$，$BC=4$，求 CE 的长.

（三）提高题

如图 5-1 所示，在 $\triangle ABC$ 中，$AB = AC = 2$，点 D、E 在 BC 上移动，设 $BD = x$，$CE = y$，若 $\angle BAC = 30°$，$\angle DAE = 105°$，试确定 y 与 x 之间的函数关系式.

✻ 案例分析

　　课后作业是对课堂的延伸，既可以帮助学生巩固所学知识，查找学习上的纰漏，又能通过运用知识解决问题的过程来培养学生技能. 本着因材施教、注重学生统一性和差异性的原则，在中学数学教学中，教师可以根据学生认知上的差异程度将作业分为：基础题、中档题和提高题. 以基础题、中档题为主，再辅之以一定的提高题.

　　其中基础题和中档题是为了达到本节课的教学目标而设置的. 基础题是一些简单的模仿型习题或公式概念的直接应用，应当体现本节课需要掌握的基本知识、技能和思想方法，有助于夯实学生基础，一般是只体现一个或两个知识点的简单习题. 中档题可以是对一个较为简单的题的抽象变式，或知识的实际应用题，或涉及比较多的知识点的综合性习题，可以提高学生灵活运用知识的技能. 而提高题需要学生自己探索深入挖掘知识的内涵，具有超前性.

　　其中基础题、中档题是每个学生的必做题，提高题是选做题. 对于学生选做超出其认知水平的习题，教师应该视学生情况给予必要的提示，并给予做对的学生加倍鼓励，使学困生拾级而上，中等生在技能方面有所提高，学优生在解决拔尖题的过程中享受成功的喜悦. 这种布置作业的形式克服了"大统一"的做法，能够充分调动学生学习的积极性，使学生不把作业当作一种负担.

---

2. 批改分层

对待不同层次的学生，作业批改的要求也不一样. 对于学困生的作业，应尽可能面批面改，进行个别辅导，指出错误的原因，督促其及时更正，帮助他们真正理解并掌握基本知识. 如果该生还存在学生方法的问题，还可以借此机会进行学法指导. 对于学优生和中等生的作业，出现问题时，可以在作业旁进行标记，及时点拨，注重学生自学能力的培养.

而课堂评讲应以中等生的问题为主. 对于学优生尽可能让他们一题多解，举一反三，达到培养其探索创造性学习的目的.

▰▰ 案例 5-5

不同认知方式对数学学习的影响

本案例采取个别访谈的形式，其中被试 A 属场独立型学生，被试 B 属场依存型学生.

访问者：已知实数 a、b 满足 $a^2 = 2 - 2a$，$b^2 = 2 - 2b$，且 $a \neq b$，求 $\dfrac{a}{b} + \dfrac{b}{a}$. 你是怎样找到解题思路的？

被试 A：观察题目的已知条件中给出的等式特征，发现 a、b 两数是某一方程的两根，于是做出新方程，由韦达定理可得出两数之间的关系式，这一对关系式恰好在变形后的所求式子中也含有，将数值代入其中，便可得出结果.

被试 B：想到过将 a、b 的值求出来，再代入到所求的式子中，因为给出的等式中都各含一个未知数，但是有点烦琐. 后来通过两个已知等式的四则运算得出 a、b 的关系式，以前也遇到过用类似的方法解答，在解方程的过程中，有无实数解的情况，得出 a、b 的关系式后下面的问题就好解决了.

继续对被试 B 提问.

访问者：解完题以后有没有想过还有其他解法？如利用韦达定理.

被试 B：没有去想. 当时没想到利用韦达定理，这部分的知识还是刚学的，一下子还不太熟悉，不过用韦达定理好像更简单.

（评注：场独立型学生善于捕捉题目中隐含的信息，能很快地将所学的新知识融入到原有的认知结构中. 场依存型学生习惯采用原有的思维模式，导致新学的知识难以很快被同化到原有的知识结构中. 这可能与平时的不断重复训练有关，一个新的知识内容总是要经过多次重复操作才能习惯使用.）

访问者：你的数学学习策略是怎样形成的？

被试 A：教师平时教的一些方法，还有自己在平时的学习中进行归纳和总结的学习策略. 课前预习，不懂的地方做标记，上课时特别关注那些课前没弄懂的地方，课后巩固，找一些课外资料看看，拓宽思路.

被试 B：主要是教师教的，像熟记公式、定理、多做题等.

（评注：场独立型学生善于自我监控、调节，主动、积极地通过自己的思考方式总结出适合自己的学习策略；场依存型学生更多依赖于教师，不善于对自己的学习过程进行反思、总结.）

访问者：你平时制订学习计划吗？

被试 A：有的，学习计划根据实际情况不断调整，学得不扎实的地方多花一点时间，不足的地方应该进行怎样的弥补，都有个小计划.

被试 B：很少，老师说做什么就做什么，以前也有制订过计划，但大多未按时完成，也就放弃了.

（评注：场独立型学生善于自我调节和监控；场依存型学生易受外界因素的影响，不善于自己调节和控制自己的学习活动.）

访问者：你对数学感兴趣吗？

被试 A：是的，数学的思维方式很灵活，不需要死记硬背，数学的世界很奇妙，在成功解决数学问题后，有一种成就感.

被试 B：谈不上感兴趣，数学符号表示的意思比较抽象，有时候很难理解. 不过要是我喜欢上数学课的老师，也许我会感兴趣一点.

（评注：场独立型学生喜欢抽象思维，擅长分析；场依存型学生不擅于抽象逻辑思维，使思维在数学学习的过程中受阻.）

（姚志敏《场独立—场依存认知风格对初中生数学学习策略的影响研究》）

❋ 案例分析

通过访谈，不难发现，场独立型学生在学习的过程中，能通过自己的内省活动，不断对学习现状进行监控和调节，并且能够形成适合自己特点的学习策略．场依存型学生的数学学习原动力更多地来自外界力量，当外界因素是正面、积极的影响时，会促进他们学习；反之则会抑制他们学习．在平时的学习中，他们不太善于自己去调控学习过程，对自己目前正在干什么、干得怎样、进展如何缺乏一个清晰的认识．

由于场依存型学生对原型依赖较高，加之受先前已获得的知识结构的影响，当所需解决的新问题与学习者先前所学知识有高度相似性时，场依存型学习者能较快、较好地完成问题．但是在一些变式练习中，场依存型学生就会受到思维定式的影响，表现出不同程度的无力．所以，教师就要在这样的情况下采取适时点拨策略．当场依存型学生出现不会或做错题的情况时，教师要首先倾听学生讲明他的思维过程，然后和学生一起分析出现这种情况的原因，帮助学生找出思维的漏洞或是错误之处，对学生进行适当的点拨．但是教师注意一定不要完全给出答案，要让场依存型学生自己思考、自己解决，避免并弥补场依存型学生从众、懒于独立思考的心理弱点．

场独立型学生思维活跃，认知改组技能较强，不易受周围环境因素的影响，善于把自身的认知结构施加于所面临的环境中，能够逃脱原型的控制，抓住问题的实质，找到解决问题的方法．所以，教师可以发挥场独立型学生的"小老师"作用，把自己是如何思考、如何产生最后答案的过程讲解出来并分享给其他同学．在此过程中，为了说服其他人接受自己的想法，场独立型学生要不断地完善和优化自己的认知过程，对自身的思维过程进行调整和监控，这样可以很好地增加其原认知知识、发展其自我反思的能力．

❋ 相关拓展

人们接收信息、进行学习，要借助不同的感觉器官，如凭耳朵听、用眼睛看、用手摸等．不同的人对不同的感觉器官和感知通道有不同的偏爱，有些人更喜欢通过视觉的方式接收信息，有些人更喜欢通过听觉了解外在世界，还有些人更习惯通过动手(或身体运动)来探索外部世界，从而掌握有关信息．心理学的有关研究表明，不同认知通道的学习效果是有差异的．一般地，只使用视觉通道，仅能记住材料的 25%；只使用听觉通道，能记住材料的 15%；而视听结合，使用多通道参与学习活动，则能记住材料的 65%．不同感知觉类型的学习者，在学习上有不同的表现，所应采用的学习策略也各不相同．从感知觉方面看，学习者主要有视觉型、听觉型、动觉型三种类型．

(1)视觉型．视觉型学习者善于通过接受视觉刺激而学习，喜欢通过图片、图表、录像、影片等各种视觉刺激手段接收和表达信息．他们将所听到的事情想象成图像，将所要说的话以形象来取代．他们通过观察所学到的，往往比通过交谈、聆听或是实际习作中所学到的东西还要多．在学习上，他们通过自己动手涂写，要比阅读文字或聆听语言更有效．这种类型的学习者喜欢阅读，而且能够比较容易地从书本上吸收知识．他们能将所读的文章轻而易举地记住，并转换为口语，因而在复述或书面测试中容易取得好成绩．他们一般都很自信，而且具有很强的自制力，学习有自主性和计划性，有时还具有创造性．但由于过于认真而缺乏一定的表现力，举止呆板，且过于自信，有自负的倾向．

由于视觉型学习者的学习成绩一般比较好，因此容易产生过于自信的思想，而且有时会沉溺于自我中心的范围而看不到其他外在的事物．这时视觉型学习者应该设法扩大自己的视野，放下架子，多向别人学习和请教，并多找些课外读物和习题集等以丰富自己的知识范围．由于他们大多把主要精力都投入到学习上了，因而有些人会对其他活动不太感兴趣，特别是在动手能力方面．

(2)听觉型．听觉型学习者善于通过接受听觉刺激进行学习，喜欢通过讲授、讨论、听磁带录音等口头语言的方式接收信息．这种类型的学生上课一般都认真听讲，能够按时完成教师布置的作业，但是他们的劣势在于过多地注意原有的知识，这有时会影响他们潜力的充分发挥．

对于听觉型学习者，教师要多培养他们独立解决和处理问题的能力．听觉型学习者遇到不会或不懂的问题不可急于向他人请教，应该自己多动脑筋想办法，要多问自己几个为什么或借助字典、有关参考资料去寻找答案，只有在实在无法解答时才去请教别人，这样既可以开阔自己的思路，又使自己对问题的认识更加深入．

(3)动觉型．动觉型学习者喜欢通过双手和整个身体运动进行学习，如通过做笔记、在课本上划线、亲自动手操作等来学习．他们不喜欢教师整堂课的讲解和板书，也不擅长言语表达．他们往往在体育、自然、课外活动等需要他们动手操作和实验的学科中表现得较为突出．这类学习者往往比其他学习者有着更大的发展潜力．这种学习类型的学生做事一般都比较守信，而且一旦集中于某事，就会做出很好的成绩．但是他们由于情绪不稳定，忽冷忽热，因此虽精力旺盛，却由于热衷于太多的事项，最后常常一无所成．

这类学生在学习时宜采用分段学习法，这是因为这类学生从小养成的学习习惯通常是边玩边学，比如边看书边看电视，边吃零食边写字，注意力往往是不集中的，所以分段学习法就很适合他们；否则，学习效率会很低．分段学习法是先集中学习30分钟，然后休息10分钟左右，再改换其他学科学习，慢慢地再把30分钟延长到45分钟、60分钟、90分钟等，逐渐培养集中精力学习的习惯．为了集中注意力，开始时可以先学一些自己感兴趣的学科，等情绪调动起来之后再改学较难的或不大感兴趣的学科．这样交替进行学习的方式可以使学习者不至于感到太疲劳，并可以逐渐地对不感兴趣的学科也产生兴趣，从而提高自己的学习成绩．

这种类型的学习者要学些集中精力的方法．比如多给自己增加一些课外读物，让引人入胜的书籍来帮助我们培养"坐得住"的习惯，并让自己坚信自己是坐得住的，需要改进的只是自己对学习科目的兴趣和思维方法．

当然对这类学习者来说，周围的学习环境安静一些是最有利的，因此，应该尽可能地创造一个和谐、安静的学习环境，因为这样可以最小限度地分散他们的学习注意力.

四、能力训练

（一）操作要点

观察和分析学生，根据学生特点改进教学设计.

（二）训练方法

请教师们选择班级的一名学生进行观察、追踪，记录该生的外显行为，尝试分析其内在原因，并制定切实可行的帮扶方案，完成一篇教育叙事.

（三）训练活动

首先尝试将班级学生按照某一角度进行分类；然后改进教学设计，精确细化教学策略；最后完成一篇教学设计，体现分层教学.

五、反思评价

（一）关注个体，分层指导能力评价（见表5-9）

表5-9

要　素	评价指标			权重
	合格	良好	优秀	
关注个体	能够通过不同的教学方式照顾不同学生的学习基础、个性特点和学习风格	能够了解不同学生的个性特点、学习风格和学习态度	能够观察各类典型学生的反应，对边缘学生予以特别关注	0.5
分层指导	能够布置有一定层级的学习任务	对沉默和边缘的学生进行情感和智力支持	能够适时对学生进行个别指导	0.5

（二）考核试题

请您结合下面的问题反思自身以往教学，并在独立回答后与同组教师进行交流.

（1）将您成功或者不成功的教育案例与组内教师进行分享，并分析其原因.

（2）将您成功或者不成功的教学设计与组内教师进行分享，并将具体教学实践中的感受与组内教师分享，完善教学设计，并反思提升.

附录:

1. 气质测试

气质是指人典型的、稳定的心理特点,包括心理活动的速度(如语言、感知及思维的速度等)、强度(如情绪体验的强弱、意志的强弱等)、稳定性(如注意力集中时间的长短等)和指向性(如内向性、外向性).这些特征的不同组合构成了个人的气质类型,使人的全部心理活动都染上了个性化的色彩,属于人的性格特征之一.气质类型通常分为多血质、胆汁质、黏液质、抑郁质四种.

未接受过气质测试的大多数人说不清楚自己的气质类型.测试是对自己性格特征最基本的了解.下面是有关气质测试的 60 道问答题,没有对错之分,回答时不要猜测什么是正确答案,请根据您的实际情况与真实想法作答.每题设有五个选项:A 很符合,记 2 分;B 比较符合,记 1 分;C 介于中间,记 0 分;D 不太符合,记 −1 分;E 很不符合,记 −2 分.

1. 做事力求稳妥,一般不做无把握的事.(　　)
   A. 很符合　　　B. 比较符合　　　C. 介于中间　　　D. 不太符合　　　E. 很不符合

2. 遇到可气的事就怒不可遏,只有把心里话全说出来才痛快.(　　)
   A. 很符合　　　B. 比较符合　　　C. 介于中间　　　D. 不太符合　　　E. 很不符合

3. 宁可一人做事,不愿很多人在一起.(　　)
   A. 很符合　　　B. 比较符合　　　C. 介于中间　　　D. 不太符合　　　E. 很不符合

4. 到一个新环境很快就能适应.(　　)
   A. 很符合　　　B. 比较符合　　　C. 介于中间　　　D. 不太符合　　　E. 很不符合

5. 厌恶那些强烈的刺激,如尖叫、噪声、危险镜头等.(　　)
   A. 很符合　　　B. 比较符合　　　C. 介于中间　　　D. 不太符合　　　E. 很不符合

6. 和人争吵时,总想先发制人,喜欢挑衅.(　　)
   A. 很符合　　　B. 比较符合　　　C. 介于中间　　　D. 不太符合　　　E. 很不符合

7. 喜欢安静的环境.(　　)
   A. 很符合　　　B. 比较符合　　　C. 介于中间　　　D. 不太符合　　　E. 很不符合

8. 善于和人交往.(　　)
   A. 很符合　　　B. 比较符合　　　C. 介于中间　　　D. 不太符合　　　E. 很不符合

9. 羡慕那些善于克制自己感情的人.(　　)
   A. 很符合　　　B. 比较符合　　　C. 介于中间　　　D. 不太符合　　　E. 很不符合

10. 生活有规律,很少违反作息制度.(　　)
    A. 很符合　　　B. 比较符合　　　C. 介于中间　　　D. 不太符合　　　E. 很不符合

11. 在多数情况下情绪是乐观的.(　　)
    A. 很符合　　　B. 比较符合　　　C. 介于中间　　　D. 不太符合　　　E. 很不符合

12. 碰到陌生人觉得很拘束.(　　)
    A. 很符合　　　B. 比较符合　　　C. 介于中间　　　D. 不太符合　　　E. 很不符合

13. 遇到令人气愤的事，能很好地自我克制．（　　）

A. 很符合　　　B. 比较符合　　　C. 介于中间　　　D. 不太符合　　　E. 很不符合

14. 做事总是有旺盛的精力．（　　）

A. 很符合　　　B. 比较符合　　　C. 介于中间　　　D. 不太符合　　　E. 很不符合

15. 遇到问题常常举棋不定，优柔寡断．（　　）

A. 很符合　　　B. 比较符合　　　C. 介于中间　　　D. 不太符合　　　E. 很不符合

16. 在人群中不觉得过分拘束．（　　）

A. 很符合　　　B. 比较符合　　　C. 介于中间　　　D. 不太符合　　　E. 很不符合

17. 情绪高昂时，觉得什么都有趣，情绪低落时，又觉得什么都无趣．（　　）

A. 很符合　　　B. 比较符合　　　C. 介于中间　　　D. 不太符合　　　E. 很不符合

18. 当注意力集中于一件事物时，别的事很难放到心上．（　　）

A. 很符合　　　B. 比较符合　　　C. 介于中间　　　D. 不太符合　　　E. 很不符合

19. 理解问题总比别人快．（　　）

A. 很符合　　　B. 比较符合　　　C. 介于中间　　　D. 不太符合　　　E. 很不符合

20. 碰到危险情况时，产生极度恐怖感．（　　）

A. 很符合　　　B. 比较符合　　　C. 介于中间　　　D. 不太符合　　　E. 很不符合

21. 对学习、事业有很高的热情．（　　）

A. 很符合　　　B. 比较符合　　　C. 介于中间　　　D. 不太符合　　　E. 很不符合

22. 能够长时间做枯燥、单调的工作．（　　）

A. 很符合　　　B. 比较符合　　　C. 介于中间　　　D. 不太符合　　　E. 很不符合

23. 符合兴趣的事，干起来劲头十足，否则就不想干．（　　）

A. 很符合　　　B. 比较符合　　　C. 介于中间　　　D. 不太符合　　　E. 很不符合

24. 一点小事就能引起情绪波动．（　　）

A. 很符合　　　B. 比较符合　　　C. 介于中间　　　D. 不太符合　　　E. 很不符合

25. 讨厌那种需要耐心细致的工作．（　　）

A. 很符合　　　B. 比较符合　　　C. 介于中间　　　D. 不太符合　　　E. 很不符合

26. 与人交往不卑不亢．（　　）

A. 很符合　　　B. 比较符合　　　C. 介于中间　　　D. 不太符合　　　E. 很不符合

27. 喜欢热烈的活动．（　　）

A. 很符合　　　B. 比较符合　　　C. 介于中间　　　D. 不太符合　　　E. 很不符合

28. 喜看感情细腻描写人物内心活动的文学作品．（　　）

A. 很符合　　　B. 比较符合　　　C. 介于中间　　　D. 不太符合　　　E. 很不符合

29. 工作学习时间长了，常感到厌倦．（　　）

A. 很符合　　　B. 比较符合　　　C. 介于中间　　　D. 不太符合　　　E. 很不符合

30. 不喜欢长时间谈论一个问题，愿意实际动手干．（　　）

A. 很符合　　　B. 比较符合　　　C. 介于中间　　　D. 不太符合　　　E. 很不符合

31. 宁愿侃侃而谈，不愿窃窃私语.（　　　）
A. 很符合　　　B. 比较符合　　　C. 介于中间　　　D. 不太符合　　　E. 很不符合

32. 别人说我总是闷闷不乐.（　　）
A. 很符合　　　B. 比较符合　　　C. 介于中间　　　D. 不太符合　　　E. 很不符合

33. 理解问题常比别人慢.（　　　）
A. 很符合　　　B. 比较符合　　　C. 介于中间　　　D. 不太符合　　　E. 很不符合

34. 厌倦时只要短暂的休息就能精神抖擞，重新投入工作.（　　　）
A. 很符合　　　B. 比较符合　　　C. 介于中间　　　D. 不太符合　　　E. 很不符合

35. 心里有话宁愿自己想，也不愿说出来.（　　　）
A. 很符合　　　B. 比较符合　　　C. 介于中间　　　D. 不太符合　　　E. 很不符合

36. 认准一个目标就希望尽快实现，不达目的，誓不罢休.（　　　）
A. 很符合　　　B. 比较符合　　　C. 介于中间　　　D. 不太符合　　　E. 很不符合

37. 学习工作一段时间后，常比别人更困倦.（　　　）
A. 很符合　　　B. 比较符合　　　C. 介于中间　　　D. 不太符合　　　E. 很不符合

38. 做事有些鲁莽，常常不考虑后果.（　　　）
A. 很符合　　　B. 比较符合　　　C. 介于中间　　　D. 不太符合　　　E. 很不符合

39. 老师讲授新知识时，总希望讲解得慢些，多重复几遍.（　　　）
A. 很符合　　　B. 比较符合　　　C. 介于中间　　　D. 不太符合　　　E. 很不符合

40. 能够很快地忘记那些不愉快的事情.（　　　）
A. 很符合　　　B. 比较符合　　　C. 介于中间　　　D. 不太符合　　　E. 很不符合

41. 做作业或完成一项工作总比别人花的时间多.（　　　）
A. 很符合　　　B. 比较符合　　　C. 介于中间　　　D. 不太符合　　　E. 很不符合

42. 喜欢运动量大的剧烈体育活动，也喜欢参加多种文艺活动.（　　　）
A. 很符合　　　B. 比较符合　　　C. 介于中间　　　D. 不太符合　　　E. 很不符合

43. 不能很快地把注意力从一件事情转移到另一件事情上去.（　　　）
A. 很符合　　　B. 比较符合　　　C. 介于中间　　　D. 不太符合　　　E. 很不符合

44. 接受一个新任务后，就希望迅速解决.（　　　）
A. 很符合　　　B. 比较符合　　　C. 介于中间　　　D. 不太符合　　　E. 很不符合

45. 认为墨守成规比冒险强些.（　　　）
A. 很符合　　　B. 比较符合　　　C. 介于中间　　　D. 不太符合　　　E. 很不符合

46. 能够同时注意几件事物.（　　　）
A. 很符合　　　B. 比较符合　　　C. 介于中间　　　D. 不太符合　　　E. 很不符合

47. 当我烦闷的时候，别人很难使我高兴起来.（　　　）
A. 很符合　　　B. 比较符合　　　C. 介于中间　　　D. 不太符合　　　E. 很不符合

48. 爱看情节起伏跌宕、激动人心的小说.（　　　）
A. 很符合　　　B. 比较符合　　　C. 介于中间　　　D. 不太符合　　　E. 很不符合

49. 对工作认真、严谨，持始终一贯的态度．(　　)
A. 很符合　　　　B. 比较符合　　　C. 介于中间　　　D. 不太符合　　　E. 很不符合

50. 喜欢复习学过的知识，重复做已经掌握的工作．(　　)
A. 很符合　　　　B. 比较符合　　　C. 介于中间　　　D. 不太符合　　　E. 很不符合

51. 和周围人的关系总是相处得不好．(　　)
A. 很符合　　　　B. 比较符合　　　C. 介于中间　　　D. 不太符合　　　E. 很不符合

52. 喜欢变化大、花样多的工作．(　　)
A. 很符合　　　　B. 比较符合　　　C. 介于中间　　　D. 不太符合　　　E. 很不符合

53. 小的时候会背的诗歌，我似乎比别人记得更清楚．(　　)
A. 很符合　　　　B. 比较符合　　　C. 介于中间　　　D. 不太符合　　　E. 很不符合

54. 别人说我"出语伤人"，自己并不觉得这样．(　　)
A. 很符合　　　　B. 比较符合　　　C. 介于中间　　　D. 不太符合　　　E. 很不符合

55. 在体育活动中，常因反应慢而落后．(　　)
A. 很符合　　　　B. 比较符合　　　C. 介于中间　　　D. 不太符合　　　E. 很不符合

56. 反应敏捷，头脑机智．(　　)
A. 很符合　　　　B. 比较符合　　　C. 介于中间　　　D. 不太符合　　　E. 很不符合

57. 喜欢有条理而不甚麻烦的工作．(　　)
A. 很符合　　　　B. 比较符合　　　C. 介于中间　　　D. 不太符合　　　E. 很不符合

58. 兴奋的事情常使我失眠．(　　)
A. 很符合　　　　B. 比较符合　　　C. 介于中间　　　D. 不太符合　　　E. 很不符合

59. 老师讲的新概念，我常常听不懂．(　　)
A. 很符合　　　　B. 比较符合　　　C. 介于中间　　　D. 不太符合　　　E. 很不符合

60. 当工作枯燥无味时，马上就会情绪低落．(　　)
A. 很符合　　　　B. 比较符合　　　C. 介于中间　　　D. 不太符合　　　E. 很不符合

类型	题号	总分
多血质	4、8、11、16、19、23、25、29、34、40、44、46、52、56、60	
胆汁质	2、6、9、14、17、21、27、31、36、38、42、48、50、54、58	
黏液质	1、7、10、13、18、22、26、30、33、39、43、45、49、55、57	
抑郁质	3、5、12、15、20、24、28、32、3、37、41、47、51、53、59	

气质类型的诊断：

多血质：多血质一栏超过 20 分，其他三栏得分均较低，为典型多血质类型．多血质一栏得分在 10～20 分，其他三栏得分较低，为一般多血质类型．

胆汁质：胆汁质一栏得分相对较高，其他三栏相对较低．

黏液质：黏液质一栏得分相对较高，其他三栏相对较低.

抑郁质：抑郁质一栏得分相对较高，其他三栏相对较低.

混合气质：其中两栏得分显著超过另外两栏，而且分数比较接近. 如：胆黏质、血胆质、血黏质、黏抑质等，为两种气质的混合.

如有一栏得分较低，其他三栏相差不大，则为三种气质混合型.

2. 场认知方式测试

下面的测验中，每一道题是一个复杂的图形，其中包含一种简单图形，要求您尽快把这个简单图形找出来，并用笔(彩色笔、圆珠笔、钢笔都可以)描出. 图 5-2 中 9 个简单图形下都标有一个编号，您可以随时翻回此页查看.

注意：

(1)根据您的需要可以随时翻阅此页.

(2)每一道题只能描绘一个简单图形，您可能看到不止一个，但是您只能描绘它们中的一个.

(3)在复杂图形中指出简单图形，在大小和方向上都应与本页中所表现的相同.

(4)在错误描绘的线上打×.

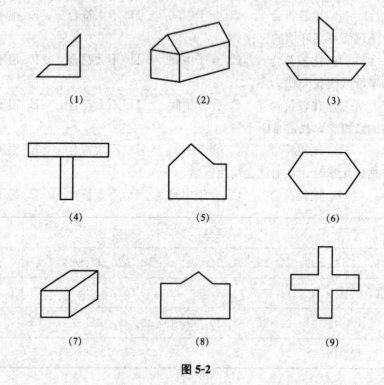

图 5-2

第一部分(4分钟)

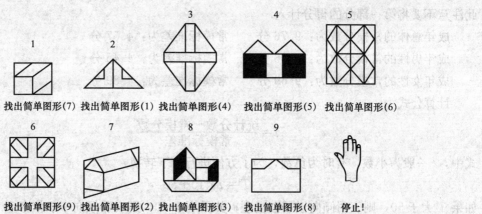

找出简单图形(7)　找出简单图形(1)　找出简单图形(4)　找出简单图形(5)　找出简单图形(6)

找出简单图形(9)　找出简单图形(2)　找出简单图形(3)　找出简单图形(8)　停止!

在没有得到进一步的指示前,请不要翻页!

第二部分(5分钟)

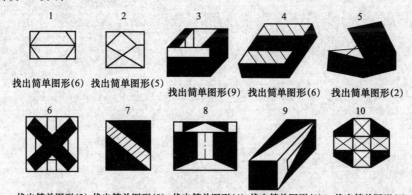

找出简单图形(6)　找出简单图形(5)　找出简单图形(9)　找出简单图形(6)　找出简单图形(2)

找出简单图形(3)　找出简单图形(8)　找出简单图形(4)　找出简单图形(1)　找出简单图形(7)

停!等待进一步的指示.

第三部分(5分钟)

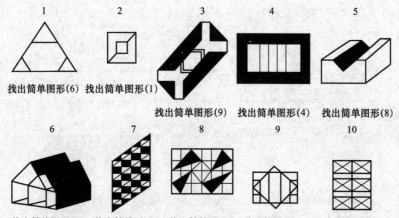

找出简单图形(6)　找出简单图形(1)　找出简单图形(9)　找出简单图形(4)　找出简单图形(8)

找出简单图形(2)　找出简单图形(7)　找出简单图形(3)　找出简单图形(5)　找出简单图形(7)

停!

测试的分数是第二部分与第三部分相加得来的，第一部分仅是让被测者熟悉题型，因此注意不要将第一部分的得分计入.

成年总体的常模分数为：9.76 分　　常模标准差为：4.57 分

成年男性的常模分数为：9.86 分　　常模标准差为：4.45 分

成年女性的常模分数为：9.69 分　　常模标准差为：4.89 分

计算公式为：

$$t = \frac{\text{统计分数} - \text{常模分数}}{\text{常模标准差}}$$

式中，t 一般为小数，有时为负数，为了方便进行如下转换：

$$T = t \times 10 + 50$$

如果 T 大于 50，则表明倾向于场独立型；如果小于 50，则表明倾向于场依存型.

专题六 认真倾听 及时反应

学习目标

1. 能够陈述认真倾听、及时反应的三个等级要求，并能够举例说明认真倾听、及时反应的含义.

2. 能够说出认真倾听、及时反应在课堂教学中的积极作用，明确它是提升课堂教学效果的有效途径.

3. 能够根据课堂教学的进展及时对学生的问题、回答进行倾听、及时分析，并且做出合理的反应.

品读

故事 6-1：一位教师在进行"坐井观天"的讲解时，文中有这么一句——天不过井口那么大. 一位学生举手朗诵，教师给了这位学生机会，于是他朗诵道："天——不——不过，井——井口，那——那么大."他的结巴逗得学生哄堂大笑. 这时，旁边的一位学生说："他上课经常捣乱."老师愣了一下，问那位故作结巴的学生："你为什么要这样念？"那位学生说："我是这样认为的，因为青蛙长时间待在井底，没有人与它讲话，所以久而久之，它连话也说不好了."回答得多么好啊！老师心里暗想：幸亏我多问了学生一句，而且认真倾听了他的理由，不然就会毁灭了这个独到的新思维，也可能伤害这位学生的创造之心.①

故事 6-2：

师：同学们，读读"葡萄沟"第一自然段，看看有几句话？

生 1：这段有三句话.

生 2：我觉得是四句话.（这是错的）

师：你敢于发表不同意见，很好！这样吧，你推荐三位同学朗读这段，每位读一句，你读第四句，好吗？

生 2：（三位同学每位读了一句话）老师，他们都读完了，我没有读的了.

师：你很认真听他们读. 知道为什么没有第四句让你读了吗？

生 2：我把"五月有杏儿，七、八月有香梨、蜜桃、沙果，到了九、十月份，人们最喜

---

① 故事改自成素贞：《多问一句》.

爱的葡萄熟了．"这句看成两句了．

　　师：你发现得很准．

　　生 2：我把逗号看成句号了，这段有三句话．

　　师：对了！不管是哪月，都是说水果丰收了，所以用逗号．①

　　思考：这两则故事说明了什么？

　　事实上，教师要做一个忠实、后发制人、以静制动的倾听者和欣赏者，在倾听和欣赏中施教．课堂上的错误时常会出现，教师和学生都可能成为犯错误者．教师要善于倾听，通过体贴入微的引导对话，给回答问题精彩者以赏识；给犯错误的学生发现错误并纠正错误的机会，这样的情境将扎根于他们的内心．这将对在场的每一位学生都产生启发价值或提醒．

　　佐藤学说过："不是听学生发言的内容，而是听其发言中所包含着的心情、想法，与他们心心相印．应当追求的不是'发言热闹的教室'，而是'用心地相互倾听的教室'．"

一、热身活动

活动 1：阅读案例　分析反思

初中数学人教版七年级下册"7.2.2 用坐标表示平移"教学．

教师给出问题：在刚才的探究中，我们发现点 $A(-2, -3)$ 先向右平移 3 个单位，再向上平移 4 个单位到点 $A_3(1, 1)$，还有其他路线把点 $A(-2, -3)$ 平移到点 A_3 吗？

学生思考片刻，争先恐后地回答．

　　生 1：点 $A(-2, -3)$ 先向上平移 4 个单位，再向右平移 3 个单位．

　　生 2：点 $A(-2, -3)$ 直接斜向平移到 $A_3(1, 1)$．

　　生 3：点 $A(-2, -3)$ 先向右平移 2 个单位，再向上平移 4 个单位，然后再向右平移 1 个单位．

另一位同学迫不及待地回答：我有 10 种方法！课堂气氛越来越活跃，接着下一位同学说：老师，我有无数种方法！其他同学愣住了，迫切地想听听他的想法．

老师认真倾听每一位同学的回答，并邀请刚才这位同学分享他的想法．②

　　生 4：点 $A(-2, -3)$ 可以沿任意方向平移到 $A_3(1, 1)$．

　　师：你们都太棒了！那么在这么多方式中，你会选择哪一种方式对点 $A(-2, -3)$ 进行平移呢？请你用坐标表示出来．

同学们在学案上尝试画图，然后小组讨论，各组派代表发言．

　　生 5：点 $A(-2, -3)$ 直接斜向平移到 $A_3(1, -1)$ 这种方式最快！但是用坐标表示比较困难．

---

　　①　摘自李政涛《教育常识》第 189 页案例．

　　②　本案例选自北京市 71 中学韩治化老师的教学实录．

师：按照生 5 的方法把点 A 平移多少个单位?

生 6：用勾股定理能算出平移的长度为 5.

师：非常好,那么方向怎么用坐标表示呢?

其他同学回答不出来,短暂的沉默后.

师：按照我们现有的知识,用坐标表示这一方向是比较困难的,但是你们可以用其他方式进行平移!

生 7：我发现,其实所有的平移都可以通过一次水平方向的平移和一次竖直方向的平移共同完成,这是最简单的……

师：太棒了! 这是一个很重要的发现! 点 A(−2,−3)平移之后,横、纵坐标都有变化,因此,一般把点的平移分解成一次水平方向的平移和一次竖直方向的平移,先后顺序不受影响.

✳ **案例分析**

　　这是一次知识与情感的交流,教师不是直接提供现成的知识,而是认真倾听并且营造促使学生相互捕捉对方想法的教学氛围,为每名学生创设平等参与的机会,使他们敞开心扉,显露个性才华.在这样的课堂上,学生会产生一种强烈的求知欲,更加积极主动地参与到课堂中,有更多的机会对自己的想法进行表达,而且可以学会分析点评他人的观点,取长补短,可以很好地培养学生自我反馈、自主评价的意识,促进他们可持续地、和谐地发展,使每一位学生发现自己的进步,对学习充满自信,成为学习的主人![1]

思考与讨论：(1)该案例中教师认真倾听了几种不同的意见?
(2)你认为要想达到较好的互动效果需要哪些因素?

▌ **编者的话** ▌

　　当学生有不同意见时,教师不急不躁,抓住即时生成,加以引导、恰当追问,促进学生的进一步思考、探究、互动交流并配以教师课设、课件验证.在这种鲜活经验的流动、情感和思想的冲突中,促进体验、顿悟、灵感等超越预设生成.

　　总之,只要我们以关注学生发展、成长需要为目标,坚持以有效互动的教学形式开展教学,就能使课堂焕发出生命色彩.

活动 2：分析案例　深度反思

在进行"化简求值"教学时,全班同学在一位女教师的带领下解决这样一个问题：当 $x=-1$ 时, $ax^3+bx+1=6$,求当 $x=1$ 时, ax^3+bx+1 的值.

---

[1]　该案例分析来自北京第八十中学王海霞.

这是初中按照"整体代入"的思维进行计算求值的常规题目．首先，一位学生在黑板上板书了自己标准的解题方法：将 $x=-1$ 代入到原式后得到 $a+b=-5$，再将 $x=1$ 代入 ax^3+bx+1 得到 $a+b+1=-4$，从而得到结果．按道理说，这道题也就做完了，但这时有个小男孩走到黑板前谈了自己的想法．他认为，只要式子"ax^3+bx"中的 x 取两个互为相反数的值，不论 a、b 取多少，得到的两个值的和都是零．因此，就可以利用这条性质求值．在这个小男孩谈自己想法的时候，由于有的地方说得不太清楚，他的教师就帮助他梳理思路并在黑板上标注出那个式子"ax^3+bx"．在师生交流的过程中，学生们毫无疑问地受到了这位学生的启发和激励，这比教师介绍一个解法的激励作用要大得多，因为说出这个解法的，或者说是发现了这个问题的本质的就是自己身边的同学．毫无疑问，发言的那个小男孩享受到了数学思维的快乐，他的同学们也从中感受到了学习数学的乐趣．[①]

思考与讨论：（1）你认为这节课最大的亮点是什么？

（2）如何才能够让自己在课堂上真正静下来倾听学生的观点？这需要教师具备哪些素质？请列举 2～3 条．

编者的话

这个学生的想法实际上就是高中函数非常重要的奇函数性质，也就是当函数取两个互为相反数的自变量的值时，所得到的对应的函数值也是相反数．但很明显，这个学生不可能了解函数这个性质，甚至什么是函数还都不是太清楚．但是在课堂中，他的数学思维已经具备了变量思维，已经在用函数的思维方式思考和解决问题了．

这节课中教师的作用很大，如果她不倾听，也不组织学生倾听而是敷衍了事，那么这节课最有价值的素材就浪费掉了……教师顺着学生的思路，不越俎代庖，一点点地帮助他把思维梳理清楚，让其他的学生也能够理解他的观点，从而使学生的思维真正得以提升．只有倾听，才能发现学生思维的闪光点；只有做出正确、得当的反应，才会对发言的学生以及听讲的学生起到真正的促进作用．对教师而言，要有站在数学系统的角度教学的意识，并且在教学的实践中不断提升自己．

二、标准解读

在倾听的过程中，教师能够了解学生的需求，学生能够暴露需要解决的问题．相互倾听是互相学习的基础．叶澜教授曾说："课堂应是向未知方向挺近的旅行，随时都有可能发现意外的通道和美丽图景，而不是一切都必须遵循固定线路而没有激情的行程．"教师在课堂的"对话"中真诚倾听学生的发言，可以了解学情、把握教学航向．只有教师倾听，学生才能畅所欲言地倾诉；只有教师不再在自己表演的同时挑剔学生，而是以期待的眼光欣赏学生，学生才会淋漓尽致地展示真实的自我．只有这样，学生思维的矛盾、困难、漏洞乃至言行的倾向才能被教师一览无余．也只有这样，一个个真实的问题才得以被发现，面对

---

① 张鹤《分享数学智慧的人》第 29 页提供的案例．

真实的问题，我们的教育才有效.

善于学习的学生通常都是善于倾听的孩子.只爱自己说话而不倾听的孩子是不容易学好的.在倾听和欣赏的过程中，学生乐于表现自我的心理需求得到满足，为展示自我而"丰富和充实"自己的学习动机被激发出来.[1]

《标准》对"认真倾听、及时反应"能力的界定如表6-1所示.

表6-1

关键 表现领域	能力要点	合格	良好	优秀
多向 互动 能力	认真倾听 及时反应	能够倾听学生的想法，与学生互动；鼓励学生大胆发言，并引导学生认真倾听学生发言	能够在倾听过程中随时与发言者交流自己的理解，促进师生互动，并系统地指导学生倾听	能够把课堂发言的评价权交给全班学生并进行适当指导，有效促进生生真正互动

（一）要点注释

1.对合格水平的要求

合格：能够倾听学生的想法，与学生互动；鼓励学生大胆发言，并引导学生认真倾听发言.

《辞海》中的"倾耳而听"，强调了"倾"与"听"的结合.倾听并不等于听，是主动获取信息的一种积极的有意识的行为，主要取决于主观意识，是人体多种器官综合运用的结果.耳朵要倾听，眼睛要观察，心灵要感受，大脑要思考，嘴巴要提问.所以，倾听是接收信息、确定其含义并对此进行反应的过程.教学中如果追求的是"准""多""快"，那么教学过程必然会最大限度压缩学生的思维过程，直奔"主题".少了学生提问、教师倾听学生、学生倾听学生的时间，教学就变成了学生要揣摩教师和教材的意思，以最快的速度得出标准答案的过程，学生不再会花时间进行深入思考.就好比学生不理解"排列组合"、说不出两个计数原理，但却可以用这些公式解决实际问题.从思维层面看，他们跳过了从"不知"到"知"中间的许多步骤.

由于倾听，教师从学生的身体信息中辨别出教学情境中的时机，从而机智地通过动作和表情不断引导学生认真倾听、参与到课堂教学中.若教师在学生回答问题时，因为思考"下一步该做什么了"而显得心不在焉或很不耐烦，则会让学生感到不安和恐惧.教师由于丧失了识别学生动作和表情的机会，从而无法将这些转化为自己动作和表情的信息，使课堂显得呆板和枯燥.

（1）倾听.《标准》中提到的"倾听"属于有效沟通的必要部分，以求思想达成一致和感情的通畅.

倾听不是简单地用耳朵来听，而是由三个连续的阶段组成信息的接收，即耳朵对听到的言语信息或眼睛对观察到的非言语信息的接收；含义的确定，即大脑对接收到的信息进行分析、加工、理解等思考活动，明确信息所包含的意思；对信息进行的反应，即或在内

---

[1]　赵徽，荆秀红.《解码高效课堂》.

心接受、拒绝，或在言语上进行评价等．倾听不仅是用耳朵听说话者的言辞，而且需要一个人全身心地去感受对方的谈话过程中表达的言语信息和非言语信息．狭义的倾听是指凭借听觉器官接收言语信息，进而通过思维活动达到认知、理解的全过程；广义的倾听包括文字交流等方式．其主体者是听者，而倾诉的主体者是诉说者，两者一唱一和有排解矛盾或者解决问题等优点．

(2)怎样倾听？要想"倾听"到理想的声音，教师就要善于给学生留空白．怎么留空白呢？学生能讲的一定让学生讲，学生能做的一定让学生做．对于学生有一定难度的问题，教师要"抓基本"而"不求琐碎"，只讲关键点和基本点，其余的留给学生去探究、实践．

要想"倾听"到理想的声音，教师就要善于给学生创造机会，精心营造良好的环境和氛围．形成相互倾听的教室环境是关键的一步，教师自身要自始至终地保持专心专意地、郑重其事地听取每个学生发言的态度．教师应该认真听取每个学生的发言并做出相应的反应，应能够慎重地选用每个学生都理解的词语讲话．这样，师生之间、生生之间才会开始互相倾听，才能够在教室形成仔细倾听别人的讲话、互相交换意见的关系．

(3)师生互动．课堂教学中的师生互动，是指在课堂教学中，教师与学生间发生的一切相互作用与影响，由此引发的双方在心理上与行为上的改变．按互动的对象进行划分，互动可以分为师生互动、生生互动两种．

(4)教师与学生互动的偏差．互动观念的偏差在如今课堂教学中主要表现在：

①师生间的互动多是以教师的权威占上风，学生的观点屈居下风．双方是一种"控制与服从"的关系，且在这种关系中，信息的流向多是单向流动，缺少师生间信息的平等、双向流动．实际上，师生间的关系应该是平等的、有互动性的，教师不应该将信息来源的渠道垄断，在课堂上侃侃而谈，将自认为正确、科学的信息灌输给学生，博取学生的认同．师生在课堂上应平等地交换观点，引发有效互动，改变双方在心理上和行为上的认知．

②互动的深度有限．许多教师的课堂上的师生互动是基于课本原有知识的一问一答的简单互动，学生在寻读教材的时候，不需要过多地思考便可作答．这样的互动不易引发学生进行有效思考、分析和归纳问题，更谈不上课堂上的思想共鸣．这种师生间、生生间粗线条、单薄的互动，极易使课堂陷入一潭死水的状况，不利于课堂教学的长期开展．

③互动的内容有失偏颇．课堂上的师生互动是活生生的人与人的互动，它的内容应该是多样的，既包含认知领域的互动，又包括行为互动、情意互动等．课程标准中规定，教学需实现三维目标，包括知识与能力目标、过程与方法目标和情感态度与价值观目标．

2. 对良好水平的要求

良好：在倾听过程中随时与发言者交流自己的理解，促进师生互动，并系统地指导学生倾听．

要想达到良好水平，教师需要做到以下四点：

(1)正确定位师生在互动中的角色．首先，对于教师角色，需要做到教师不是发布命令的上司，而是与学生共同学习、成长的平等人．教师不但在教学中要答疑解惑，而且要成为学生自主探究学习的引路人、垫脚石．其次，对于学生角色，需要做到真正地以学生的未来成长为终极目标．学生是一个鲜活的人，他们才是课堂教学的主体，而且是动态的不断变化的主体．教师在师生互动中不能单方面地灌输知识、能力与情感，而应变学生被动地学习为主动地接受，变单向学生信息来源为多向，双方在平等的基础上，共享思维成果，共同促进、互助成长．

（2）为学生参与课堂互动留足准备的时间．课堂上师生互动能够有效、深层次地开展，离不开教师与学生课前的充分准备，教师需要查找资料、依据学情充分预设教案，学生也需要充裕的时间去预习、查找资料、分析整理整合信息、形成初步认识．没有课前的这些准备，互动将是空中楼阁，是无根之水、无本之木．

（3）创设兴奋点，有效设问，激发学生参与课堂的热情．"知识是一个过程，不是结果."知识在课堂主体——学生面前应该是有活力的、动态的．学生能够在学习的过程中激发自己探索数学的浓厚兴趣，提高数学素养．为实现这点，教师首先需要处处留心，摸清学生们的喜好和习性，充分预知学情；其次在授课中适时设置疑点、悬念，创设兴奋点，调动学生参与课堂的欲望与积极性；当学生进入课堂角色后，教师需要以协助者的身份引导学生自主认知、主动学习、互助答疑解惑，逐个攻破难题，以此培养他们自主学习的良好习惯及分析和解决问题的学习能力．

（4）设计有助于师生互动的教学环节．怎么样的教学环节有助于师生互动呢？首先，教师可以多设计些允许更多学生参与的学习活动，使互动不单局限在师生之间，还可以在生生之间广泛开展．为此，在设计中就要注意不同年级学生的年龄与认知的差异．低年级学生的自制力偏弱、团结协作的意识还在形成当中，对于他们的互动环节设置，可以尽可能地选取两人间的互助学习活动，比如：互相思考一个问题后，综合两人观点进行语言、图表的叙述，互相质疑，两人角色扮演等．较高年级可以 4～6 人一个小组，设计出相关的学习活动，以逐渐提高新生们的思考、互助、模仿、表达、认同的能力．其次，教师可以多设计些具有情境性的、生活化的教学环境，丰富学生的情感体验，以增加师生互动的机会．最后，教师可以多些设计具有启发性的深层次问题．浅层互动充斥课堂是现如今授课过程中的通病，教师需要有目的地去挖掘书中知识，吃透教材，多动脑筋．创设质疑，能够帮助学生更好地理解数学，使其思索后有所启发．这种有所得的课堂教学才是学生乐意参与的课堂．总之，只有从学习形式到内容都进行精心设计，才会更好地促进师生互动．

3. 对优秀水平的要求

优秀：能够把课堂发言的评价权教给全班学生并进行适当指导，有效促进生生间的真正互动．

我们要注重生生间质疑能力和思辨能力的培养，让学生在捕捉对方观点中的破绽的基础上质疑、争辩，即让问题在生生间自主生发、自主破解．

"听"是指学生要学会倾听教师或同学的语言和见解，要善于接纳别人的意见．"说"是指师生间、生生间要学会交流，能够用简洁的语言流利地描述解题方法和解题思路．语言是思维的外壳，大脑皮层有多个兴奋区域，当一个人在说的时候，脑的多个部位会参与认知活动．人们借助语言对事物进行抽象、概括，又借助语言对人们的思维进行调节，从而使思维逐步完善．如果学生对每一个知识点，乃至每一个题目都能剖析得头头是道，那么他一定能够有条不紊地将自己的观点落实到字面上．为了使学生在交流中处于不败之地，教师既要引导学生在独立思考的基础上提出问题，又要引导学生在表达时能够及时地修整自己的意见．要想达到优秀水平，教师需要怎么做呢？首先，要创设机会，鼓励学生大胆地说．其次，要教给学生说的方法，培养其说的习惯．虽然不同智力基础、不同个性差异学生的语言表达能力差别很大，但是我们应该承认和尊重学生的个性差异．教师要善于等待，要给学生留足思维的时间，让每一个学生在原有基础以及不同的起点上展现自己的思维过程．

因此，教师在教学的过程中，应有意引导学生进行师生间、生生间的发问与交流．在学习的过程中，让学生遇到疑难问题时，先和同学进行讨论交流，解决不了再请教教师．在这一过程中，教师可以参与其中，倾听学生的思路和方法，如果问题确实难，可以适时、适当地进行点拨．

有效的交流过程应该是学生的思维在碰撞中相互评判、相互诘问和补充完善的过程，更应该是学生思维成果共享的过程．教师不仅要引导学生之间相互质疑、评价和补充，而且要引导学生在交流中相互理解、相互启发、相互帮助，使不同智能、不同认知结构和不同思维方式的学生实现"互补"，在思维交锋中实现共同发展．

学生交流的过程，往往是个体思维火花呈现的过程．如果没有一定的指向性，诸多的交流结果可能会杂乱无章地堆砌在学生头脑中，甚至混淆学生的思路，增加学生思维的负担．教师要帮助学生找到新旧知识的衔接点，及时捕捉学生交流中产生的有价值的信息和问题，引导学生重组、整合各类信息，进行认知结构的扩充和知识链条的延伸，帮助学生建立各知识点之间的内在联系，实现知识体系的整体构建．

教师要学会"踢球"，不要自己去"踢球"，而要引导学生去"踢球"．如果学生有了问题，把"球"踢给教师，教师就来"踢球"，那么这个"球"就永远都由教师来踢了．教师应学会把"球"踢给学生，让学生摸索去踢．这样，学生才能有"踢球"的时间、机会，尽管在"踢球"中有失败，但只有经过自己的思考与实践，学生才会懂得如何分析与解决问题，积累基本数学活动经验．[①]

（二）要素分析

无论是倾听还是互动都需要关注细节与技巧．

1. 倾听要点

（1）克服自我中心、自以为是：不要总是谈论自己；不要总想占主导地位．

（2）尊重对方：不要打断对话，要让对方把话说完；千万不要因为深究那些不重要或不相关的细节而打断人．

（3）不要激动：不要匆忙下结论，不要急于评价对方的观点；不要急切地表达建议；不要因为与对方见解不同而产生激烈的争执．要仔细地听对方说，不要把精力放在思考怎样反驳对方所说的某一个具体的小的观点上，尽量不要边听边琢磨他下面的说话内容．

（4）不要使你的思维跳跃得比说话者还快；不要带有偏见或成见；不要试图理解对方还没有说出来的意思．

2. 倾听细节

注重细节，有助于倾听的效果．

（1）身体前倾，表示对谈话感兴趣．

---

① 赵徽，荆秀红．《解密高效课堂》．

(2)要"所答即所问"，这表示你在与人交流.

(3)在倾听的过程中，适时加上自己的见解，以使给予和吸收两个方面平衡.

(4)以头部动作和丰富的面部表情回应说话者.

(5)不要做小动作，不要走神，不必介意别人讲话的特点.

3. 捕捉"互动源"

在讲"面积的计算和面积单位之间的进率"[①]时，于老师说：请大家说出各自手中的长方形或正方形的面积是怎么求出来的？

生：我这个长方形长 5 厘米、宽 1 厘米，我用 1 平方厘米的小正方形量出这个长方形的面积是 5 平方厘米.

生：我这个正方形的面积是 16 平方厘米，边长是 4 厘米，我是动手折出来的.

生：我的方法同他基本一样．我将正方形对角线对折，折出两个三角形，利用我们学过的三角形面积的求法求正方形的面积，(学生边演示边解说)即两个三角形的面积相加就是这个正方形的面积，是 16 平方厘米.

面对同学们说出的个性化方法，一个学生突然站了起来，说：同学们，我们手中长方形、正方形可以用 1 平方厘米的小正方形去量，那我们头顶上的天花板和我们的操场怎么量？

不一会儿，一个学生把"球"直接接了过去，说："可以用大一点的正方形去量．"

不料，刚接过这个"球"，另一个"球"又横飞了出来："那么大海怎么量？"

看着学生们把"球"传来传去，一时难以接起，于老师来了一个缓冲：看来用量和折的方法很难量出大海的面积，那么能不能找到其他方法求面积呢？

学生们经过一番静思默想和一次次的观察验证，终于找到了结论.

生：老师，我这个长方形长 4 厘米、宽 1 厘米，它的面积是 4 厘米乘以 1 厘米等于 4 平方厘米，是长乘宽得出来的.

生：老师，我这个长方形长 4 厘米、宽 2 厘米，它的面积是 4 厘米乘以 2 厘米等于 8 平方厘米.

生：我量的边长 5 厘米的正方形，边长乘以边长也是 25 平方厘米.

生：我从这几个小组的数据中得出长方形的面积＝长×宽，正方形的面积＝边长×边长.

……

在这样的课堂上，在生生有效的互动中，交流内容更趋于丰富、生动、全面、准确和深刻，实现了学生主动和富有个性的学习．所以，教师要善于捕捉"互动源"，这是生发有效互动的起点.

案例：一位教师在执教"圆的周长"[②]一课时，本想在学生通过观察、讨论，明确什么是圆的周长后，再利用课件演示和动手画圆，使学生明确圆的周长与直径的关系，进而探索圆的周长的计算方法．可是，当教师提出"怎么求圆的周长"时，一学生竟兴冲冲地大声喊

---

① 赵徽，荆秀红.《解密高效课堂》第 67 页于美霞老师的课堂案例.

② 赵徽，荆秀红.《解密高效课堂》第 68 页案例.

起来："老师，我早就知道了！圆的周长＝直径×圆周率！"突如其来的一句话，使这位教师灵机一动，及时调整了预设定的教学步骤．他先请这个学生把这个公式写到黑板上，然后指着公式问："你们有什么问题要向这位同学请教吗？"学生们有的问什么是圆周率，有的问圆周率为什么是 3.14．这个学生还真不含糊，一一做了精彩的回答！这时，教师也有意识地提出了一个问题："为什么 3.14 乘以直径得出来的就是圆的周长呢？"这个学生回答不上来．老师在赞扬这个学生善于自学的精神后，引导学生们在相互追问中进入了下一步的探究活动．所以，只有及时、准确地捕捉"互动源"，才会更利于生生间的互动．

三、案例分析

倾听是课堂生成的前提

"利用构造函数法证明不等式"这节课中三个问题的教学片段回放及反思．

问题1：$\dfrac{e^4}{16}$，$\dfrac{e^5}{25}$，$\dfrac{e^6}{36}$（其中 e 为自然常数）的大小关系是_____．

生1：构造函数 $f(x)=\dfrac{e^x}{x^2}$，然后求导 $f'(x)=\left(\dfrac{e^x}{x^2}\right)'=\dfrac{e^x\cdot x^2-e^x\cdot 2x}{x^4}=\dfrac{e^x(x^2-2x)}{x^4}$．

令 $f'(x)>0$ 得 $x<0$ 或 $x>2$，从而可知 $f(x)$ 在 $(2，+\infty)$ 单调递增，故 $f(4)<f(5)<f(6)$．

所以，$\dfrac{e^4}{16}<\dfrac{e^5}{25}<\dfrac{e^6}{36}$．

师：不错！怎么想到的构造出 $f(x)=\dfrac{e^x}{x^2}$ 这个函数呢？

生1：上面三个式子可以作以下变形：$\dfrac{e^4}{4^2}$，$\dfrac{e^5}{5^2}$，$\dfrac{e^6}{6^2}$，分子是幂的指数在变化，分母是幂的底数在变化．由此联想到分子构造出指数函数 $y=e^x$，分母构造出幂函数 $y=x^2$．

师：真好！构造函数就是要抓住式子中哪个量是变化的，哪个是不变的．

生2：这三个数的大小关系其实可以直接判断．因为指数的增加要快，而分子增加的比分母要慢，所以 $\dfrac{e^6}{6^2}$ 要远大于 $\dfrac{e^5}{5^2}$、$\dfrac{e^4}{4^2}$．

师：这位学生采用估值的方法处理这样一个小题，很巧妙，也节省了时间！

反思：学生在课堂上的生成的确是解决小题所倡导的巧法！因此在教学中，教师要重视学生的表达，给学生表达的机会，善于倾听学生的表达，听学生诉说他的思路或道理．没有倾听就没有生成，这个时候教师要将学生的做法给予充分肯定，将不同的方法加以对比，有了好的生成才能培养学生思维的灵活性．

①　张辉．北京市陈经纶中学．

问题2： 已知定义在实数集 **R** 上的函数 $y=f(x)$ 恒不为零，同时满足 $f(x+y)=f(x)\cdot f(y)$，且当 $x>0$ 时，$f(x)>1$，那么当 $x<0$ 时，一定有（　　）．

A. $f(x)<-1$　　　　B. $f(x)<1$　　　　C. $-1<f(x)<0$　　D. $0<f(x)<1$

生3： 构造函数 $f(x)=2^x$，结合图像选 D．

师： 很好，为什么会想到构造指数函数呢？

生3： 因为指数运算满足同底数幂相乘底数不变、指数相加的原则．

问题3： 已知函数 $f(x)=\ln x$，当 $0<a<b$ 时，求证：$f(b)-f(a)>\dfrac{2a(b-a)}{a^2+b^2}$．

师： 此题即要证明 $\ln\dfrac{b}{a}>\dfrac{2a(b-a)}{a^2+b^2}$．

生4： 可将上式作如下变形：$\ln\dfrac{b}{a}>\dfrac{2\left(\dfrac{b}{a}-1\right)}{1+\left(\dfrac{b}{a}\right)^2}$，构造函数出 $F(x)=\ln x-\dfrac{2(x-1)}{1+x^2}(x>1)$，利用函数的单调性进行证明．

师生共同对上式求导，并化简得：$F'(x)=\dfrac{(x^2-1)(x^2+2x-1)}{x(1+x^2)}$．

生4： 当 $x>1$ 时，$F'(x)>0$ 恒成立，所以 $F(x)$ 在 $(1,+\infty)$ 上单调递增．从而 $F\left(\dfrac{b}{a}\right)>F(1)=0$，所以 $\ln\dfrac{b}{a}>\dfrac{2\left(\dfrac{b}{a}-1\right)}{1+\left(\dfrac{b}{a}\right)^2}$ 成立．

师： 非常好！把一些两个自变量 a、b 关系的一个整体 $\dfrac{b}{a}$ 作为函数的自变量来构造函数，使问题变得很简单．

反思： 课堂教学中教师想一步一步地来——先固定一个变量不动，把二元变量视为一元变量，慢慢引申到生 4 的方法上来．但学生并没有顺着教师的思路走！

生5： 老师，能否将不等式作如下转化：因为 $\dfrac{2a(b-a)}{a^2+b^2}\leqslant\dfrac{2a(b-a)}{2ab}$，所以只要证明出 $\ln\dfrac{b}{a}>\dfrac{2a(b-a)}{2ab}=1-\dfrac{a}{b}$ 就可以了．

师： 这样放缩形式上简单了，但还能构造出适当的函数吗？

生5： 构造函数 $F(x)=\ln x-1+\dfrac{1}{x}$，这样讨论单调性会简单些．

反思： 生 5 的这种方法很巧妙，但它依然是把 $\dfrac{b}{a}$ 视为一个整体变量，尽管离教师的最初设计越来越远，但教师还是让学生继续分析．

生5： 在 $\ln\dfrac{b}{a}>1-\dfrac{a}{b}$ 中，真数 $\dfrac{b}{a}$ 与不等号右边的 $\dfrac{a}{b}$ 互为倒数，则 $\dfrac{b}{a}$ 就是 $\dfrac{1}{x}$！

师： 说得好！下面咱们共同讨论 $F(x)=\ln x-1+\dfrac{1}{x}$ 的单调性．

生5： $F'(x)=\dfrac{1}{x}-\dfrac{1}{x^2}=\dfrac{x-1}{x^2}$，当 $x>1$ 时，$F'(x)>0$，$F(x)$ 单调递增，因为 $\dfrac{b}{a}>1$，

所以 $F\left(\dfrac{b}{a}\right) > F(1) = 0$.

师： 看来利用放缩可以使运算简单，但是能想到放缩的确不太容易. 这需要从不等式的变形入手，说白了还是有一个念头支撑着，那就是把 $\dfrac{b}{a}$ 视为一个整体.

生6： 我觉得对于 $\ln \dfrac{b}{a} > 1 - \dfrac{a}{b}$ 可以利用对数的运算法则作如下变形：$-\ln \dfrac{a}{b} > 1 - \dfrac{a}{b}$，即：$\ln \dfrac{a}{b} < \dfrac{a}{b} - 1$，适当变形：$\ln\left(\dfrac{a}{b} - 1 + 1\right) < \dfrac{a}{b} - 1$. 以前曾经证明过 $\ln(x+1) \leqslant x$，这样也可以证明出结论.

师： 好，能够联想到已经证明过的不等式，并且巧妙地将不等式作变形……

✱ 案例分析

　　课堂离开了倾听，没有了师生的互动沟通，就不存在真正意义上的教学. 只有善于倾听的教师才能培养出具有良好倾听习惯的学生. 教师有效的倾听，可以帮助学生倾诉自己的感受，使学生得到表达的机会，享受表达的愉悦；教师有效的倾听，能够让学生觉得自己得到了教师的重视、认可和尊重，能够激起学生发言的欲望. 教师只有全身心地听学生说话，成为学生的忠实听众，才能发现学生在学习中遇到的困惑和疑虑，让学生的学习在动态生成中挺进，使课堂充满生命的气息与情趣，充满挑战和创新，从而提高教学质量.

案例 6-2

赏识是产生良好互动的前提

　　在课堂上经常会出现来自学生的"高招"[①]，每每出现这种情况，我都对他们的求异创新进行鼓励与肯定，从而使越来越多的学生敢说、敢做、敢于标新立异了. 记得在讲绝对值不等式的解法时，讲了一道这样的例题：$|x+2| - |x-3| < 4$，我采用的方法是"找零点，分区间"的方法. 不容我讲完，学生就想出了利用绝对值的几何意义、数形结合直接得出答案的方法. 后来，竟然有学生想到利用我给出的推广：$|f(x)| < g(x) \Leftrightarrow -g(x) < f(x) < g(x)$ 将原不等式化为 $|x+2| < 4 + |x-3|$，再化为 $\begin{cases} x+2 > -4 - |x-3| \\ x+2 < 4 + |x-3| \end{cases}$，进一步转化为解 $\begin{cases} |x-3| > -6 - x \\ |x-3| > x - 2 \end{cases}$，问题就解决了. 对上述两种解法，我都给予了充分的肯定，尤其是第二种，令人耳目一新. 而这种解法出自一个数学学得极其一般的学生，经过这次课后，他

[①]　摘自北京市陈经纶中学张辉的教学反思.

竟然时常拿数学题跟我讨论，我突然发现，他的许多解题方法都很巧妙，打破了我对他原有的认识.

✳ 案例分析

教师要静下心来，做一个专注、耐心的倾听者，以欣赏的、积极的态度去面对每一位学生的表达、对话. 教师要珍视学生的"与众不同"，鼓励学生"节外生枝"，让学生充分发表自己的独特见解，善于捕捉学生的思维"闪光点". 学生在课堂上的反应，是一种不可替代的学习资源. 教师要做到从容不迫，既不能随波逐流，更不能照单全收，应在短暂的思考后找到突破口，充分发挥"组织者、指导者和激励者"的作用. 这样课堂教学才会呈现出精彩、生动的画面.

案例 6-3

互动要把握好时机

在意见不一，需要争论时可以让持相同意见的学生一起合作，与对方争辩，在这样的互动中引发观点的碰撞，激起思维的浪花，把学生引入数学思考的境地，为生成创新的萌芽埋下智慧的种子.

例如教学"圆锥体积"时，学生会很快想到圆锥体积与圆柱的体积有关. 到底有怎样的关系呢？如何来证明它们的关系呢？班级中出现了截然不同的两种观点：圆锥体体积＝$\frac{1}{2}$×底面积×高；圆锥体体积＝$\frac{1}{3}$×底面积×高. 尽管是小学生，但争论双方针锋相对. 于是老师将学生分成$\frac{1}{2}$猜想组和$\frac{1}{3}$猜想组，让他们寻找事实依据来证实自己的观点是正确的. 有的学生提出把圆锥从顶端垂直切下来，分成多块然后套在等积的另一个圆锥上，可以拼成一个圆柱，从而提出：圆锥体积＝$\frac{1}{2}$×底面积×高的假想. 有的学生认为从平面图上看，把圆锥左面的部分移到圆锥的右面正好拼成一个圆柱. 可还有的学生提出圆锥从顶端垂直切下来，分成多块然后套在等积的另一个圆锥上，不可能拼成一个圆柱，于是提出圆锥体体积大概＝$\frac{1}{3}$×底面积×高的假想. 教师又引导学生动手实践证明自己的猜想. 学生想出用等底等高圆柱和圆锥量器倒水的方法，用橡皮泥捏等底等高圆柱和圆锥的方法……证明了圆锥体体积＝$\frac{1}{3}$×底面积×高，统一了观点.

✳ 案例分析

　　意见不一时，开展小组互动合作，不仅可以培养学生的合作精神，增强竞争意识，而且可以促进学生利用集体的智慧深入进行数学的思考，为学生的互动创造条件．教师必须把握小组互动合作的必要性，即考虑当前主题是不是一个值得互动的问题．互动学习不是课堂教学的点缀，而是一种具有实际意义的学习方式．如果提出的主题过于简单，互动学习就变成了一种形式．如果提出的主题过于复杂，难度太大，就会使学生失去学习信心．有效的互动学习，必须选择恰当的时机进行，比如：出现新知，需要探索时；学习困难，需要帮助时；意见不一，需要争论时；人人体会，需要交流时……

四、能力训练

　　我们通常在教学设计时，是无法预想到当时的自然人文环境的，但上课时，环境又往往成为教师和学生关注的内容，所以可以将其作为引发言论的契机．陶行知先生曾多次强调："小孩只有得到言论自由，特别是问的自由，才能充分发挥他们的创造力．"又说："发明千千万，起点是一问．禽兽不如人，过在不会问．智者问得巧，愚者问得笨．人力胜天工，只在每事问．"他还说："创造始于问题，有了问题才会有思考，有了思考，才会有解决问题的方法，才会有找到独立思路的可能．"所以，教师在教学过程中千忙万忙也要让学生去提问、去怀疑、去探究、去思考．教师务必用好手中的权力，不要弄权、耍权、霸权，务必在每一堂课上都相信学生、依靠学生、期待学生，给学生充分问的权利、探的权利，力争做到凡事都要让学生自己去"问一问"与"探一探"——问，不论深浅与难易；探，不管是与不是、准与不准、行与不行，只要学生有此行为，就是在发展学生的思维，提高其学习的能力．

　　我们常说的"教学相长"还包含了孔子对人的发展的看法．孔子关注的不仅是学生，而且包括教师．他常从学生的发言中得到启发，一旦学生有精彩发言，他就及时给予表扬和鼓励，并且在教学中不断提升自己．他认为，在教学过程中，教师要摒弃师道尊严，教师与学生要互相协调、共同促进，从而实现教师与学生都提高的双赢局面．在课堂上，教师除了让学生充分发表意见外，还应注意"观点开放"——除了一些大是大非的原则问题外，教师不要轻易否定学生的观点，即使有错误也不要直接否定，可以用学生的错误推导出显见的大谬大误，让学生自己理解错误所在，而不能阻断学生的"言路"，从而提高问题解决的针对性、有效性，实现课堂的高效．

　　所以，倾听应该是打开学生思维，使学生真正"动起来"的必要条件！

　　互动教学是一种师生间双向沟通的教学方法．这种方法是把教学活动看作师生间的一种真诚、和谐的交往与沟通，一个动态发展、教学统一的活动过程．学生是数学学习的主人；教师是数学学习的组织者、引导者与合作者．数学新课程的重要理念是"以学生为本"；

数学教学的最终目的是促进学生全面发展；而"互动"则是达到此目的的重要方法或手段.

（一）操作要点

（1）倾听的"姿态". 倾听要有一个良好的姿态，比如身体前倾，表示对谈话感兴趣；要"所答即所问"，表示你在与人交流；在倾听的过程中，适时加上自己的见解，以使给予和吸收两个方面平衡；以头部动作和丰富的面部表情回应说话者.

（2）营造倾听的"场". 在课堂上，让学习程度较低的学生优先回答教师提出的探究性问题，在他们回答问题的基础上，首先让学习程度较高的学生来评价，然后教师再来引导，最终让学习程度较低的学生能够自己正确回答出问题，掌握数学规律. 在课堂上，首先让学习程度较低的学生对学习中不理解的问题优先质疑，然后再通过学习程度较高的学生的帮助和教师的引领将其心中的疙瘩解开，扫除学习上的绊脚石.

（3）教师要学会"踢球". 教师不要自己去"踢球"，而要引导学生去"踢球"，这样才能达到师生间、生生间的互动.

（4）创设民主平等情景是互动的前提.

（5）激励评价是互动的动力.

（二）训练方法

1. 任务实习法

请教师们阅读相关教材，思考怎样进行教学设计，尤其关注预设. 在两个班级采用完全按预设的方式展开教学，而在另一个班级应用倾听、互动的方式关注学生的生成，通过课堂教学内容及学生参与度进行反馈反思.

2. 案例分析法

请您阅读下面教学处理方法，并将做法进行对比，然后思考材料后提出的问题.

示例：拓展椭圆第二定义

开始教师直接按照书上的顺序，首先讲一个题目，即：点 $M(x, y)$ 与定点 $F(c, 0)$ 的距离和它到直线 $l: x = \dfrac{a^2}{c}$ 的距离的比是常数 $\dfrac{c}{a}$ $(a > c > 0)$，求点 M 的轨迹. 然后直接给出椭圆第二定义，学生听后觉得非常突然，问："为什么用这种方式给椭圆下定义呢?"对它的产生感觉很别扭[1].

笔者也觉得很突然，以前也这么讲，学生并没提出疑问. 此时下课铃响了，回去后笔者认真考虑学生提出的问题，采用了如下方式讲解：按照椭圆定义，设 $M(x, y)$ 是椭圆上的任意一点.

椭圆的两个焦点 $F_1(-c, 0)$，$F_2(c, 0)$，M 与 F_1、F_2 的距离和为 $2a$，由

$$|MF_1| = \sqrt{(x+c)^2+y^2}, \quad |MF_2| = \sqrt{(x-c)^2+y^2},$$

得

$$\sqrt{(x+c)^2+y^2} + \sqrt{(x-c)^2+y^2} = 2a,$$

移项、平方，得

$$a^2 - cx = a\sqrt{(x-c)^2+y^2},$$

将系数 $\dfrac{c}{a}$ 提出来，得

$$\frac{c}{a}\left(\frac{a^2}{c} - x\right) = \sqrt{(x-c)^2+y^2},$$

[1] 张辉. 案例节选自北京市陈经纶中学.

易整理成

$$\frac{\sqrt{(x-c)^2+y^2}}{\left|\dfrac{a^2}{c}-x\right|}=\frac{c}{a}.$$

这样一来，引出椭圆第二定义就顺理成章了，学生频频点头.

问题：教师是否认真倾听、重视学生的想法？你认为倾听后可以有哪些改进方式？这些方式源于教师的哪些教育理念？

编者的话

在上述示例中，笔者认为提出问题的学生非常好，他并不纯粹接受，而是想理清知识的来龙去脉，多么好的学习习惯呀！教师在班里大力表扬她的同时，也向全班同学检讨"这是本人按照自己的知识结构，没站在同学们的认知结构上的讲解，造成大家理解上的困难."此时，教师是真正将自己放在与他们平等的位置，来共同讨论问题的. 这样一来，反而使学生的内心需求得到满足，使他们的身心处于最佳状态. 许多类似的现象告诫我们，一定要"善待"课堂教学中学生的"意外"发言，不能断然否定或轻描淡写地一语带过、搪塞过关，不能一味地依照自己已有的教学设计按部就班地机械教学，而应该发扬民主，积极鼓励学生发言，根据他们的发言，灵活调整自己的教学设计，因势利导地进行教学、帮助学生，使学生真正成为学习和探索的主人！

要想实现真正意义上的师生互动，还有一点很重要，那就是教师要勇于承担责任，实现真正意义上的师生平等.

3. 交流研讨法

交流研讨法：通过参加相关的专题培训，或听专题讲座，学习相关理论；通过说课的方式，展示自己的课堂教学认真倾听、及时反应的成果，以文本的形式或PPT的形式，在教研组内交流，并通过讨论、交流提出修改意见、建议，进一步修改、完善.

结合相关理论，加强实践演练. 根据课堂教学实践，记录分析教学效果：学生的课上学习效果和课后测量效果是否达到了预期结果；对不同类型的知识掌握程度如何；对于没有达到预期结果的内容，反思是否真正做到倾听、及时给予关注并组织互动；课前预设与课堂生成之间究竟存在多大差距；认真分析预设与生成产生差距的原因，预设是否有利于发展学生的学习能力. 我们可以通过不断反思、调整、改进、总结提炼，提升认真倾听、及时反应的能力.

走进课堂，实际观课，学习本节课的教师倾听、反应及组织互动的能力，从中引以为鉴.

例子：下面是"求解三角形中的范围问题"一课的片段[1]：

例题：在$\triangle ABC$中，$\angle A$、$\angle B$、$\angle C$所对的边分别为a、b、c，且$\cos A=\dfrac{3}{5}$，$a=1$. 求$b+c$的最大值.

---

[1]　冯莉. 该案例来自北京西藏中学.

教师设计的思路是：利用几何画板先直观感知，猜想顶点 A 在什么位置时，即 b、c 各取多少时，$b+c$ 可以取到最大值，然后再请同学们给猜想进行证明.

师： 在 $\triangle ABC$ 中，已知 $\cos A=\dfrac{3}{5}$，$a=1$，什么是定的？

生： 边 a，$\angle A$ 是定的.

生： $\triangle ABC$ 的外接圆半径是定的.

师： 生成点 A 的动画，观察 $b+c$ 取值的变化情况，猜想顶点 A 在什么位置时，$b+c$ 可以取到最大值.

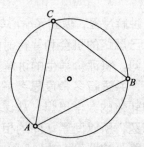

生： 当点 A 在线段 BC 的中垂线上与 $\triangle ABC$ 的外接圆的交点时，$b+c$ 取到最大值.

师： 此时 $\triangle ABC$ 是什么三角形？

生： 这时 $\triangle ABC$ 是等腰三角形，b 等于 c.

师： 那猜想一下可以用什么方法证明.

生： 均值定理.

师： 请按照自己的思考证明我们的猜想.

生： 我不是按照均值定理证明的.

此时教师没有按照原定方案继续讲用均值定理解决问题的方法，而是让"突发奇想"的学生走上讲台……

师： 请到黑板板书解题过程.

因为 $\cos A=\dfrac{3}{5}$，得 $\sin A=\dfrac{4}{5}$，$2R=\dfrac{a}{\sin A}=\dfrac{1}{\frac{4}{5}}=\dfrac{5}{4}$，（$R$ 是 $\triangle ABC$ 外接圆的半径）

所以 $\dfrac{b}{\sin B}=\dfrac{c}{\sin C}=2R=\dfrac{5}{4}$，所以 $b=\dfrac{5}{4}\cdot\sin B$，$c=\dfrac{5}{4}\cdot\sin C$，

所以 $b+c=\dfrac{5}{4}(\sin B+\sin C)=\dfrac{5}{4}\cdot[\sin B+\sin(A+B)]$

$$=\dfrac{5}{4}\cdot(\sin B+\sin A\cdot\cos B+\cos A\cdot\sin B)=\dfrac{5}{4}\cdot\left(\sin B+\dfrac{4}{5}\cdot\cos B+\dfrac{3}{5}\cdot\sin B\right)$$

$$=\dfrac{5}{4}\cdot\left(\dfrac{8}{5}\cdot\sin B+\dfrac{4}{5}\cdot\cos B\right)=2\cdot\sin B+\cos B$$

$$=\sqrt{5}\cdot\sin(B+\varphi)\ \left(\text{其中 }\tan\varphi=\dfrac{1}{2}\right).$$

所以当 $B+\varphi=\dfrac{\pi}{2}$ 时，$b+c$ 的最大值为 $\sqrt{5}$.

教师将教鞭给该学生，请其为大家讲解，并引导大家认真倾听.

师：请同学说一下，有没有问题.

……

师追问：怎样更明确地界定 $B+\varphi$ 的取值范围？

生：估算 $0<B<\dfrac{3\pi}{4}$，$\dfrac{\pi}{12}<\varphi<\dfrac{\pi}{6}$，所以 $\dfrac{\pi}{12}<B+\varphi<\dfrac{11\pi}{12}$.

✳ **案例分析**

　　学生的方法很好！教师在讲解过程，做到了耐心等待，给予学生独立思考，小组交流，并进行展示讲解自己思路的机会和等待时间，引导学生共同耐心倾听，并及时做出反应、进行追问，将评价学生的讲解交给学生，并请学生给予补充，从而做到注重解题细节，并进行多角度思考解题，以及在去掉 $\angle C$ 的过程中融入"减少变量"的方法和转化的数学思想．从课后作业反馈来看，有几个学生已经开始使用这种方法解题，所以同学之间的相互讲解，"小先生"的做法是有效果的．实际上，一种思路：按照已有边，利用余弦定理，以均值定理为出口，从而求解 $b+c$ 的最大值；另一种思路：可以"边化角"，以三角函数为出口．这是研究三角形取值范围问题的重要的两种解题思路.

　　当把这节课的得与失与听课教师进行交流时，授课教师、听课教师都会有所提升.

（三）训练活动

活动：阅读教材　设计教学

形式：选择一段教材进行阅读，写出教学设计后，备课组集体讨论预设的不同情况．主备课教师走进课堂实地授课，备课组内观摩预设与生成的处理，进行课后总结.

思考题：提炼本节课倾听的优缺点，并思考组织互动是否得当.

五、反思评价

（一）认真倾听、及时反应能力评价（见表6-2）

表6-2

要素	评价指标			权重
	合格	良好	优秀	
倾听程度	自己认真倾听、及时点拨的同时也能组织学生较好地参与其中	能够在倾听过程中随时与发言者交流自己的理解	能够倾听，不打断学生的想法	0.3

续表

要素	评价指标			权重
	合格	良好	优秀	
参与互动	通过师生间的互动促进生生间互动	有效的倾听促进了师生的互动	能够与学生进行简单的互动	0.3
激励评价	能够将课堂发言的话语权通过激励方式转交给学生	能够让学生与教师本人进行交流	能够做到鼓励学生发言	0.2
指导程度	能够对学生的倾听、互动给予很恰当的指导	能够系统地指导学生倾听	可以引导学生倾听	0.2

（二）考核试题

（1）你认为认真倾听、及时反应分别体现了教师一种什么样的教育理念？

（2）请你通过具体案例谈谈你在教学中认真倾听、及时反应成功或遗憾的地方.

（3）结合自身教学实践，你认为要想做好认真倾听、及时反应还需要在哪些方面下功夫？

▎反思日志 ▶

通过这一段时间的培训，您一定有许多心得与体会，让我们一起把它记录下来吧！

您的收获：

您的疑惑：

您给我们的宝贵建议：

专题七　教学组织方式有效

1. 能够陈述教学组织方式有效的三个等级要求.

2. 能够举例说明教学组织方式有效的意义.

3. 能够根据自身教学组织方式现状和对数学知识的认识程度,制订教学组织方式有效的训练计划并选取有效提升措施.

一、热身活动

多向互动能力领域主要包括两个能力要点,即教学组织方式有效,认真倾听、及时反应.教学组织方式是根据教学的主观和客观条件,从时间、空间、人员组合等方面考虑,进而安排教学活动的方式.本章中我们将就如何使教学组织方式有效和大家一起进行学习、交流和实践.

活动1:阅读思考　交流感悟

阅读下面古希腊著名哲学家苏格拉底和学生的一段对话:

学　　生:苏格拉底,请问什么是善行?

苏格拉底:盗窃、欺骗、把人当奴隶贩卖,这几种行为是善行还是恶行?

学　　生:是恶行.

苏格拉底:欺骗敌人是恶行吗?把俘虏来的敌人卖作奴隶是恶行吗?

学　　生:这是善行.不过,我说的是朋友而不是敌人.

苏格拉底:照你说,盗窃对朋友是恶行.但是,如果朋友要自杀,你盗窃了他准备用来自杀的工具,这是恶行吗?

学　　生:是善行.

苏格拉底:你说对朋友行骗是恶行,可是,在战争中,军队的统帅为了鼓舞士气,对士兵说,援军就要到了.但实际上并无援军,这种欺骗是恶行吗?

学　　生:这是善行.

问题:

(1)苏格拉底这种"问答法"式教学方式不是把概念直接告诉学生,而是先向学生提出问题，让学生回答．如果学生回答错了，他也不直接纠正，而是提出另外的问题引导学生思考，从而一步一步得出正确的结论．这种教学方法启发人的思想，使人主动地去分析、思考问题．

(2)这个例子对你理解"教学组织方式有效"有什么启示？

活动2：问题探讨　解答反思

问题：

(1)作为教师，我们每天都要开展教学活动，从而与学生交流互动、共同发展，那么您知道的教学组织方式有哪些？若使这些组织方式有效，重点应该关注哪些方面？

(2)作为数学教师，其教学组织方式又有哪些特点？在数学教学中该怎样做？请大家根据自己的理解和经验，试着回答上述问题．

说明：

请将自己的理解和同事分享，通过交流讨论上述问题的答案，达成共识．

中国现在的教学组织方式主要为班级授课制，师生间、生生间的交流存在多种方式，其中同位交流、小组合作、全班讨论等也是重要的组织方式；国际现行的有 STEM 合作教学等教学形式．

新课标教师教学应该以学生的认知发展水平和已有的经验为基础，面向全体学生，注重启发式和因材施教．教师要发挥主导作用，处理好讲授与学生自主学习的关系，引导学生独立思考、主动探索、合作交流，使学生理解和掌握基本的数学知识与技能，体会和运用数学思想与方法，获得基本的数学活动经验．

无论使用怎样的方式进行学习，都必须以学生独立的学习为基础，作为教师，必须给学生独立思考的空间和时间．

活动3：实践操作　体验总结

例如"平行线性质"课堂教学(片段)．

教师活动：提问．

如图7-1所示，直线 AB、CD 被直线 AE 所截．

(1)由 $\angle 1 = \angle 3$，可以判定哪两条直线平行？根据是什么？

(2)由 $\angle 1 = \angle 2$，可以判定哪两条直线平行？根据是什么？

(3)由 $\angle 1 + \angle 4 = 180°$，可以判定哪两条直线平行？根据是什么？

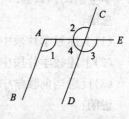

图7-1

学生活动：口答．

(1) $AB // CD$，同位角相等，两直线平行．

(2) $AB // CD$，内错角相等，两直线平行．

(3) $AB // CD$，根据同旁内角互补，两直线平行．

教师活动：总结、提升答案并提出所要学习和探究的新问题．

判定定理的实质是，在两条直线被第三条直线所截的大前提下，由角的数量关系确定直线的位置关系．请同学们思考，如果反过来，即当已知两直线具有平行的位置关系时，具有特定位置关系的角(同位角、内错角、同旁内角)是否还会具有相应的数量关系？

教师活动：给出研究该问题的过程和要求．

先以同位角为例展开研究，请同学们在题纸上完成以下操作：

(1)在一组平行线上任意画出一条截线．

(2)找出图中任意一对同位角，测量这组同位角的度数．

(3)写出你的结论．

(4)完成后小组之间进行交流．

学生活动：独立自主地探究平行线的性质．

教师活动：组织学生展示与交流．

再如"二元一次方程(组)复习课"课堂教学(片段)．

教师活动：提问．

请选择合适的方法解下列二元一次方程组：

① $\begin{cases} 2s - t = 5 \\ 5s + 2t = 15 \end{cases}$ ；　② $\begin{cases} \dfrac{1}{2}x - \dfrac{3}{2}y = -1 \\ 2x + 3y = 3 \end{cases}$ ；　③ $\begin{cases} 3(x-1) = y + 5 \\ 5(y-1) = 3(x+5) \end{cases}$ ．

问题 1：对复杂的题目，解方程时首先应该做什么？

学生活动：首先将复杂方程进行化简，化成形式统一的二元一次方程组．

问题 2：你选择什么方法解决？

学生活动：代入消元法或者加减消元法．

问题 3：你是根据方程怎样的特点选择方法的？

学生活动：当存在一个未知数的系数为1或者−1时，使用代入消元法；当两个方程相同未知数的系数相同或相反时，使用加减消元法．

问题 4：你觉得解决问题的过程中需要注意哪些方面？

学生活动：口答．

活动设置：请你任意写出一个二元一次方程组，并找一位同学回答以上 4 个问题．

学生活动：口答．

总结：

(1)上述教学片段中，教师的教学组织方式有哪些值得学习的地方？

(2)上述教学片段中，教师的教学组织方式需要做怎样的改进？

(3)反思当前教学中自己的教学组织方式主要存在哪些方面的问题，思考如何解决．

说明：

(1)教师既帮助学生回忆了所学过的平行线的性质，又引出了本节课所要学习的新知识，并从数学思维角度建立新旧知识之间的联系；从知识的内在关系(互逆，逻辑推理)入手，抓住了学生的注意力，激发了学生的兴趣，引发了学生的数学思考，进而让学生经历动手操作—独立思考—合作交流—得出猜想的探究过程；寻找图形中的位置关系和数量关系，从而发现图形的性质，并且获得探究图形性质的数学活动经验．

(2)从复习角度出发，对于解二元一次方程组的同类问题使用相同的"问题串"进行提问，使学生对于该类问题有明确的思考方向．同时，学生对学生提问、学生为学生解答的组织形式，也激发了学生的学习兴趣．学生经历这一过程后，将教师给出的思路内化为自己的解答思路．

（3）建议学生完成习题的方式为笔答，因为这样更能清晰反映全体学生情况；研究新问题的过程和要求可以根据不同学生的具体情况增加开放度或者深度细化．

编者的话

同位交流、小组合作、全班讨论是重要的教学组织方式，是对班级授课制的补充，但是，并不存在某种特定的有利而无弊的教学组织方式．具体采用哪种教学组织方式并没有固定的模式，教师需要对活动的性质、内容做客观的分析，对学生的发展水平、活动中可能出现的情况做充分预计，再选择合适的组织方式．因此在教学活动中，教师要十分注意对它们加以综合运用，使各种教学组织方式发挥优点．组织教学活动的方式应当多种多样，具有实效性．除全班上课外，教师应该根据教材的重点、难点，学生的实际，合理选择合作的契机，让学生同位交流、小组合作、全班研讨，既可以每次课选用不同的教学活动方式，也可以在一节课中有不同的活动方式．一般来讲，方法不确定的、答案不唯一的、个人难以独立完成的、结果容易产生分歧的内容可以采用同位交流、小组合作、全班研讨的教学组织方式．在实际操作中，下位知识的学习用于小组合作学习的更多一些．但并不是每节课都必须安排这些活动，应做到可有可无的不安排，不适当的不安排，选择最好的题目，进行合作学习．

二、标准解读

教学组织方式是教师重要的教学技能之一，有效决定了最终的学习效果．《标准》对"教学组织方式有效"是这样界定的，如表7-1所示．

表7-1

关键 表现领域	能力要点	合格	良好	优秀
多向 互动 能力	教学组织 方式有效	能够根据学习需要和特定学情，选择互动形式	组织活动时能够掌握恰当分组、有效分工、控制时间等技能，有效掌控互动过程	能够调动每个学生参与活动的积极性，并对活动过程中出现的问题进行恰当处理，提高互动效果

（一）要点注释

1. 教学组织方式

教学组织方式是根据教学的主观和客观条件，从时间、空间、人员组合等方面考虑，进而安排教学活动的方式．教学组织方式具有不确定性及多样性的特征，也就是常说的教学有法、教无定法．我国现在的教学组织方式是班级授课制．在班级授课制下的教学中，师生间、生生间的交流存在着多种多样的组合方式，其中同位交流、小组合作、全班讨论都是对班级授课制的补充.

2. 教学组织方式有效

新课标明确指出"有效的教学活动是学生学与教师教的统一，学生是学习的主体，教师是学习的组织者、引导者与合作者."自从有了人类就产生了教育活动，也就有了教学方式，但教学方式的变革从未停止过，在新的教育观念指导下教学方式从以教为中心走向以学为中心，从重视知识传授走向重视人的发展，从模式化走向创新性，这也是衡量教学组织方式有效的重要标志.

有效的数学教学组织方式，更要依据自身学科特点，关注学生的个体差异，合理地运用现代信息技术，处理好教师讲授与学生自主学习的关系，通过激发学生兴趣，引发学生的数学思考、创造性思维，使学生掌握恰当的数学学习方法，积累更为丰富的数学活动经验；使学生有足够的时间和空间经历观察、实验、猜测、计算、推理、验证等活动过程，不断提高其发现问题、提出问题、分析问题和解决问题的能力.

例如：探究"幂函数的图像及性质"的学习过程中，可以借助信息技术，利用图形计算器改变数学课本中只研究单一的图像和性质的学习方式，采用"试验观察—分析讨论—归纳结论"的学习方式.学生在教师的引导下，自主地做数学试验，写出幂函数，分成小组，研究它们的共性，总结出结论，归纳出性质：

(1)所有的幂函数在 $(0, +\infty)$ 内都有定义，并且图像都过点 $(1, 1)$.

(2)函数 $y=x$，$y=x^3$，$y=x^{-1}$ 是奇函数，函数 $y=x^2$ 是偶函数.

(3)当 $\alpha>0$ 时，幂函数的图像通过原点，并且在区间 $[0, +\infty)$ 上是增函数(特别地，当 $\alpha>1$ 时，幂函数的图像下凸；当 $0<\alpha<1$ 时，幂函数的图像上凸)；当 $a<0$ 时，函数 $y=x^a$ 在区间 $[0, +\infty)$ 上是减函数.

(4)当 $a<0$ 时，在第一象限内，函数 $y=x^a$ 向上与 y 轴无限接近，向右与 x 轴无限接近.

学生们兴趣很高，在研究过程中进一步体会到研究函数的方法，即作具体幂函数的图像—观察图像特征—总结函数性质，同时也体会到本节课的数学思想方法，即从特殊到一般、数形结合、类比思想等，提升了学生的归纳概括能力.随着人们教育观念的转变，在信息技术与数学的整合中，学生自主学习环境的认知工具得到丰富，同时学生的培养目标与教学组织方式也被提出了新的要求.

（二）要素提炼

(1)同位交流、小组合作、全班讨论等多样性教学活动组织方式.学生之间的个别互助是指通过学生之间的相互帮助来促进学习，班级授课制下常表现为同位交流，也就是同桌之间的交流.它普遍适用于学生之间相互提问、共同复习或就学习中某部分的内容进行对话，以及在实际操作活动中彼此帮助等情况.

学生的小组合作使学生之间有直接合作的机会.学生间客观上存在差别，通过小组成员之间充分的交换意见和讨论，他们可以集思广益、取长补短，提高集体活动的能力、学习的自主性，学会与别人配合等.互补的学习经验和高效的合作方法是合作学习成功的关键.

全班讨论是以全班集中的方式进行的讨论．这种讨论方式要求较高，主要围绕教材的重点和难点或争议较大的问题组织讨论．全班讨论又可分为直接集中和先分散后集中两种．直接集中就是教师提前布置讨论题和阅读参考资料，然后按预定进行集中讨论；先分散后集中就是先分成小组进行讨论，然后再集中讨论．各小组讨论后可推荐代表在全班进行发言．

并非所有的学习内容都可以进行合作，也并非任何时候都适合合作学习．一定要根据学生现有的认知水平、教材的内容等情况来选择有利的时机进行合作学习．开展合作学习的时机可以是以下情况：学生思维受阻时；学习条件比较复杂，学生无法独立完成时；学生意见产生分歧时．

无论什么方式的合作学习，都必须以学生扎扎实实的独立学习为基础，这是别人和小组都无法替代的．因此，教师在组织学生同位交流、小组合作和全班讨论之前，必须给学生独立思考的空间和时间．

例如：在"统计与概率"这部分的教学活动中，需要在有限的课堂时间内收集大量的试验数据作为学习研究的素材，仅依靠个人力量很难完成或根本无法完成，此时就可采用小组合作、交流的方式．这种形势下采取的小组合作、交流活动，主要以学生的动手合作为主，全班每个学生都参与到活动中来，完成活动内容的一部分，互帮互助，共同完成任务．

对于这类学习内容的教学，采取合作学习时，要注意分工合理，任务明确．学习方法的指导要具有较好的可操作性，反馈的要求要具有可测评性．

由于不同的学生对同一问题思考的角度和理解的深度、广度存在差异，因此产生的意见往往会出现分歧，而此时正是合作学习的极好时机．

再如：在"探索多边形内角和"一课的教学活动中，在归纳多边形内角和公式时，由于不同学生采取了不同的辅助线的分割方法，因此会得到不同的表达式，学生的意见产生一定的分歧，这时就可让学生展开小组合作、交流以及全班讨论的活动．在活动的过程中，学生们会发现组内同学的不同结论，并对其进行分析，发现它们之间的关系．在这种形式下开展的活动，主要以学生之间的讨论、交流为主，学生在交流、讨论的过程中，发表自己的观点，倾听他人的看法，不断更正、完善自己的想法，对问题的认识更深入、思考的角度也更加全面．

(2)恰当分组，有效分工，控制时间．教师要将不同层次的学生按照"组间同质、组内异质"(小组间的水平相同，小组内学生水平有高有低)的原则进行分组，使学生在合作过程中做到组内合作、组间竞争，让每个学生在合作中都有展示自我、获得自信的机会，在进行分组时主要考虑以下因素：学生的水平，学生的能力，学生的性别等．

在小组合作中，要有一定的小组成员分工，要让小组内每个成员都为小组的学习任务承担一部分责任，消除依赖思想．小组内成员可以根据活动不同需要以及小组人数分配不同的角色，如激励者、检查者、记录者、报告者、操作者等，并提出具体明确的要求．小组角色可以互相轮换，发挥不同学生的作用，增进生生互动的有效性．

例如：在美国STEM教学中特别重视个体在合作学习中的重要作用．如在一种"数字聚头"的活动中，教师提出问题，学生自己有答案后站起来，小组内成员都起立后大家分享自己的答案，如果有不同意见，小组内进行讨论，意见达成一致后小组一起坐下，最后进行全班展示．

再如："书写传递"和"画廊漫步"是 STEM 教学中的两种重要形式．这两种形式适用于复习课的知识点的总结与归纳．A、B、C、D 四人一组，小组共同讨论本章知识点框架图，由 A 书写；2 分钟后将纸传到下一组，同时接受上一组的框架图，这次由 B 书写，小组共同讨论补充，依次下去．将最终完成的作品张贴于教室，由学生进行评价．

在同位交流、小组合作、全班讨论的实施中，教师在教学活动设计过程中要有时间意识，避免教学活动时间过短或过长，注意根据不同任务确定教学活动的时间，注意教学活动的节奏，合理安排独立思考、小组合作与汇报的时间．

(3)调动每个学生参与活动的积极性，对活动过程中出现的问题进行恰当处理．首先，教师要根据不同的教学内容设计相应的问题，问题要具有一定的开放性和挑战性，要难易适度．其次，要注重组织活动的时机，学生独立思考后参与活动的积极性更高．再次，要注意调动不同层次的学生参与活动，关注他们在活动中的表现，进行时让他们充分体会到学习的乐趣．

在活动过程中，教师除观察外，还要介入学生活动，对活动过程中出现的问题及时提供有效的指导和恰当的干预，促使学生深入思考，进而理解问题的本质，使小组讨论顺利开展．教师一方面对于个别学生或小组的独到见解或创造性思维的火花，要及时给予鼓励和支持；另一方面还要利用小组活动时间对学困生给予针对性辅导，让小组所有成员都有成功感．

需要指出的是，既要根据不同的教学内容设计创设和谐的问题情境，启发学生积极思考、大胆创新、合作交流、反思质疑，又要充分发挥教师的主导作用，帮助学生及时解决活动中出现的各类问题，不断深入理解数学知识，丰富数学活动经验，提升数学思维能力．

例如：在"频率与概率"的教学中，只有当试验次数较大时，随机事件发生的频率才会表现出稳定的概率这一特点．在课堂教学有限的时间内，如何让学生通过亲自动手获得足够大的数据是本节动手实践活动取得实效的关键．如何解决呢？在学生困惑时，教师在这里充分发挥其主导作用，问道"在现有的试验范围内，是否有迅速增加试验次数的最好方法？""全班一起做，然后再累加"，一名学生说．"好，就采纳你的意见．每组做 30 次，然后汇集全班的试验数据，算出相应的频率，最后利用频率折线统计图分析结论．"

正是通过这一问题，教师引领学生很好地解决了如何在课堂有限的时间内快速增加试验次数的问题，同时引领学生展开进一步深入的思考和研究．

◣ 编者的话 ◥

新课标指出"有效的数学教学活动是教师教与学生学的统一，应体现'以人为本'的理念，促进学生的全面发展．好的教学活动，应是学生主体地位和教师主导作用的和谐统一．学生是数学学习的主体，在积极参与学习活动的过程中不断得到发展；学生获得知识的基础是必须自己思考，可以通过接受学习的方式，也可以通过自主探索等方式；学生应用知识并逐步形成技能，离不开自己的实践；学生在获得知识技能的过程中，只有亲身参与教师精心设计的教学活动，才能在数学思考、问题解决和情感态度方面得到发展．教师应成为学生学习活动的组织者、引导者、合作者，为学生的发展提供良好的环境和条件；教师的'组织'作用主要体现在准确把握教学内容的数学实质和学生的实际情况，确定合理的教学目标，设计一个好的教学方案以及选择适当的教学方式，因势利导、适时调控，努力营造师生互动、生生互动、生动活泼的课堂氛围，形成有效的学习活动；教师的'引导'作用主要体现在通过恰当的问题，或者准确、清晰、富有启发性的讲授，引导学生积极思考、求知求真，激发学生的好奇心；教师通过恰当的归纳和示范，使学生理解知识、掌握技能、积累经验、感悟思想；教师能够关注学生的差异，用不同层次的问题或教学手段，引导每一个学生都能够积极参与学习活动，提高教学活动的针对性和有效性．教师与学生的'合作'主要体现在教师以平等、尊重的态度鼓励学生积极参与教学活动，启发学生共同探索，与学生一起感受成功和挫折、分享发现和成果．"

三、案例分析

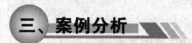

借助直观学会类比，动手实践探索新知

中心对称是旋转角为 $180°$ 的旋转，是旋转知识的继续．学生通过再次体会旋转变换，认识中心对称．本节课借助于几何直观，通过学生动手实践、主动探究，激发学生学习的兴趣，教学活动中渗透归纳、类比等思想方法，不仅为后面图案设计和今后生活中的图形设计打下了基础，也为学生积累了数学活动经验，体现了"标准"对合格教师的基本要求．

以下是教师在的课堂教学活动片段中的教学组织方式：

观察：图 7-2 中每组中的两个图案有什么关系？

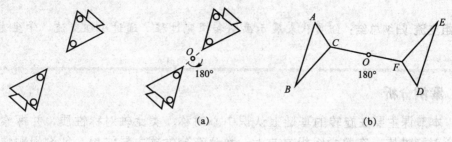

(a)   (b)

图 7-2

思考：如果确定旋转中心为 O，把其中一个图案绕点 O 旋转多少度角能够与另一个图案重合？

进一步思考：如图 7-2(b)所示，把 $\triangle ABC$ 绕点 O 旋转多少度角时，能与 $\triangle DEF$ 重合？

归纳：中心对称概念．

辨析：中心对称概念．

判断图 7-3 哪一组中的两个全等图形成中心对称？

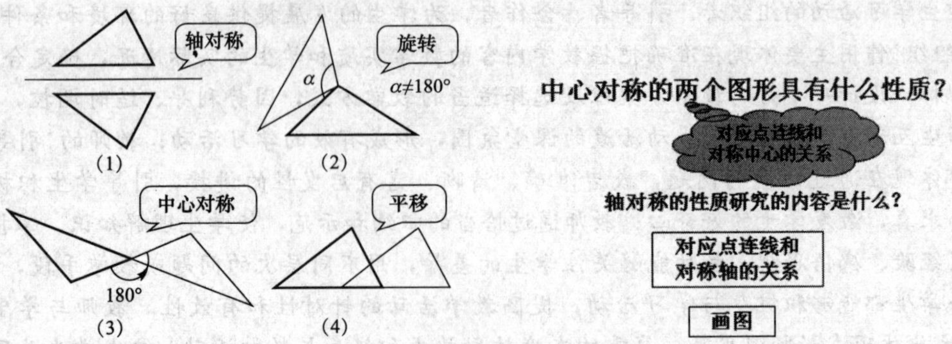

轴对称
(1)
旋转
α
α≠180°
(2)
中心对称
180°
(3)
平移
(4)
中心对称的两个图形具有什么性质？
对应点连线和对称中心的关系
轴对称的性质研究的内容是什么？
对应点连线和对称轴的关系
画图

图 7-3

类比：轴对称性质的研究方法和过程；探索中心对称的性质.

分组完成下列任务：

(1)任意选取一点为对图中心，画出三角形的中心对称图形[见图 7-4(a)].

(2)任意选取一点为对称中心，画出四边形的中心对称图形[见图 7-4(b)].

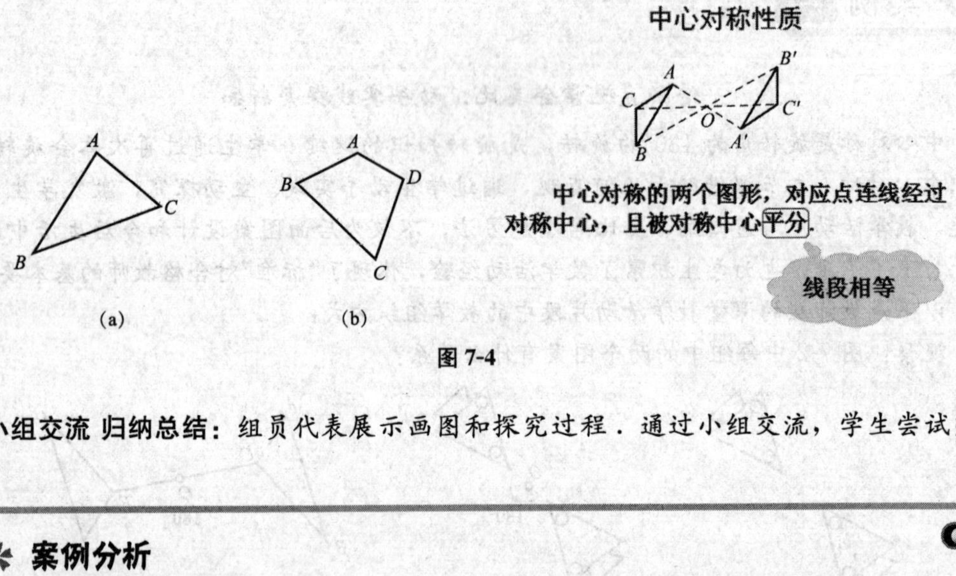

中心对称性质
A
B
C
A
B
C
D
(a)
(b)
B′
C′
O
A′
中心对称的两个图形，对应点连线经过对称中心，且被对称中心平分.
线段相等

图 7-4

小组交流 归纳总结：组员代表展示画图和探究过程．通过小组交流，学生尝试归纳性质.

✻ 案例分析

本节课主要在旋转的基础上认识中心对称、类比轴对称性质，并探索中心对称性质．在教学组织方式上，教师充分发挥主导作用，创设问题情境，通过“问题串”引领学生从直观观察和动手画图入手，不断激发学生深入思考，深化学生对概念的理解，激发学生解决问题的欲望并体验成功．同时，教师根据具体学习内容和学习需要，组织小组合作、交流、讨论等活动．学生在活动中发现并探索新知，真正成为学习的主人，恰当地借助计算机演示图形运动过程.

案例 7-2

经历统计全过程，感悟抽样调查

本节课的主要任务是让学生亲身经历统计调查的全过程，体会抽样的必要性以及用样本估计总体的思想．这种通过部分数据，推测总体的可能结果及自觉地想到统计的方法，是一种感觉．成人认为抽样很自然，很容易理解，但其实这种认同也是经过大量的生活积累才获得的，而学生生活经验相对较少，所以要让学生承认这种方法并不是那么的理所当然，有相当的认知难度．学生只有在活动中去感受、去体验，才能认同这种方法，获得这种认知．

以下是对"抽样调查"部分教学片段中教学组织方式和内容的描述．

（1）教师给出试验任务和要求．

小组活动：

任务：估计盆中黑米的数目占所有米的数目的比例．

要求：记录试验步骤、数据及结论，活动结束后汇报．

盆中黑米的数目在所有米的数目中占多大的比例？

时间：15 分钟．

（2）学生以小组为单位，开始实践活动．有的小组间还在互相商讨着解决问题的办法；大部分小组的同学直接走上讲台用烧杯取米，有直接撮了满满一杯的，有撮了少半杯的，还有的先用手搅拌均匀之后撮一小杯的．

教师关注学生们的举动，思考着学生对"抽样"的理解，为下面"学生认识与接受样本估计总体的思想"这一教学活动做着准备．

（3）各小组有序而紧张地忙碌着．有的同学数米粒，有的计算，有的填写试验报告，有的探讨试验方法的优劣……组内成员各负其责，所有同学均进入试验状态，倒米粒声、数米粒声、探讨方法声，争辩声不绝于耳……教师深入到各个小组，观察他们的试验方法，听取他们的意见，帮助学生澄清所要研究的问题，与学生交流方法的利弊，分析试验结果等．

（4）各组代表汇报试验结果，并向大家讲述本组所采用的研究方法．教师倾听，当对该小组的试验结果或研究方法产生怀疑时，通过追问以及组织学生交流、讨论的方式参与到学生的发言中．在全班同学不断的交流和讨论中，抽样调查的思想逐渐明朗．教师适时地给出了抽样调查的定义，总体及样本的概念，并对概念给予适度的说明和解释．学生们都呈现出高兴和理解的神态，并开始试着将生活中大量看到的、听到的例子与抽样调查的概念联系在一起，积极发表见解，结合实例谈出了"用样本估计总体"的思想．此时，学生对抽样调查的理解已经从实践到理论再从理论到实践，基本经历了对事物认识的全过程．

✽ 案例分析

　　本节课的教学活动组织形式为活动式教学．核心是让学生亲身经历，感受到抽样是可信的、科学的．本节课选取的素材"统计黑米所占的比例"，离学生的生活近，容易上手操作、尝试．所设计的教学活动具有层次性．首先，提出问题，让学生思考解决策略，想到用数据说明问题，以及如何才能获取数据；其次，分小组活动，尝试解决问题，通过活动，亲身感受对数据的收集和整理，体会抽样的必要性；再次，分组汇报活动流程和结果（汇报的过程也是梳理和回顾数据的收集和整理的过程），以及用样本估计总体的思想，让学生再次体会通过研究部分估计全体这一过程；最后，在讲解抽样调查的名称和定义后，学生举例生活中的抽样调查，目的是巩固和考查学生对抽样调查的认识，同时进一步感受抽样调查在生活中的必要性和优越性．

　　总之，教学组织方式紧紧围绕统计的本质展开，体现了教师对知识的深刻认识和较高的教学活动组织能力．教师在组织活动时能够恰当分组、有效分工以及控制时间，使活动不流于形式，真正对教学目标的实现起到决定性作用．

案例 7-3

认识知识本质，依据学生基础，恰当运用技术，有效开展教学

　　正弦的概念比较抽象，设计本节课的教学活动时，首先，通过意大利比萨斜塔使学生感知问题的直观背景；其次，通过学生的操作和活动，使学生得到亲身体验和感知；最后，通过学生的描述和反思抽象出概念的函数特征，认识概念的本质，并对其赋予形式化的符号，使其具体化．本节的教学活动组织方式符合数学概念教学要求，体现概念学习的全过程和学习数学、运用数学的全过程．活动组织方式符合学生心理和发展特点，符合学生认知规律，体现了《标准》对优秀教师的基本要求．

　　以下是对"正弦"部分教学片段中教学组织方式和内容的描述及分析.

　　创设情境，提出系列问题：

　　(1)说出下列函数的名称，并指出其中的自变量和函数.

　　(2)这些函数反映了两个变量之间数值与数值对应的函数关系，是否存在一种函数，它反映的两个变量之间不是数值与数值对应的关系？

　　①$y = \dfrac{2}{3}x - 1$.

意大利的伟大科学家伽俐略，曾在斜塔的顶层做过自由落运动的试验．

始建于1350年的比萨斜塔从地面到塔顶高54.5米，塔尖偏离中心的距离为5.2米，你能用"塔身中心线偏离垂直中心线的角度"来描述比萨斜塔的倾斜程度吗？

②$y=\dfrac{4}{x}$.

③$y=-x^2+2x-3$.

（3）能用"塔身中心线偏离垂直中心线的角度"来描述比萨斜塔的倾斜程度吗？

✲ 案例分析

问题是学习的起点．通过上述问题抓住学生的注意力，激发学生学习的内在需求，并使学生认识到今天学习的内容与以往的函数的不同；同时从解决实际问题的需要入手，引出所要学习和研究的新知识．

引导探索，交流学习：

以对边与斜边的比值和锐角的关系为例开展探索，由特殊到一般，尝试解决问题

（1）教师示范 30°角的情况．

（2）学生独立实践 45°、60°角的研究过程．

（3）借助几何画板或者通过推理论证推广到一般角的情况．

（4）依托函数概念，有逻辑、有顺序地逐一得出结论（见表 7-2），从而得出正弦概念．

表 7-2

	角度	这个角的对边 / 斜边	
	⋮ 30° ⋮	⋮ $\dfrac{1}{2}$ ⋮	
	⋮ 45° ⋮	⋮ $\dfrac{\sqrt{2}}{2}$ ⋮	当锐角的度数一定时，这个角的对边 / 斜边 的值是唯一确定的
	⋮ 60° ⋮	⋮ $\dfrac{\sqrt{3}}{2}$ ⋮	
随着角度的变化，这个角的对边 / 斜边 的值也随之发生变化			

✳ 案例分析

　　案例分析正弦概念和以前所学过的函数不同，它反映的不是数值与数值的对应关系，而是角度与数值的对应关系．由于学生初次接受这种关系，理解起来有一定困难，因此教学组织活动依托函数概念，让学生体会正弦概念形成所经历的过程与其他函数概念具有某种一致性．具体实施时，数形结合，学生通过自主画图、计算、猜想，在探讨 30°、45°和 60°的特殊角度的基础上，完成任意锐角情形的归纳或证明，从而过渡到一般情况．这种由特殊到一般，从合情推理到演绎推理的过程，使学生有更多的机会体验正弦概念的形成过程．通过这样组织的教学活动所获得的正弦概念不是教师直接给出定义，而是在教师的引导下，师生共同探索定义．这样进行概念教学不仅能使学生深刻理解所学概念，而且有效地发展了学生的思维能力，引导了学生学会思考和解决问题的思维的方法，增强了学生学好数学的信心．本次教学组织活动注重学生的自主学习，有效构建了一条从具体到抽象、从特殊到一般、从局部到整体的思维通道．

▰▰▰ 案例 7-4

　　阅读材料一　"正弦"的由来

　　sine(正弦)一词始于阿拉伯人雷基奥蒙坦．他是 15 世纪西欧数学界的领导人物，于 1464 年完成了著作《论各种三角形》，于 1533 年开始发行，这是一本纯三角学的书，使三角学脱离天文学，独立成为一门数学分科．

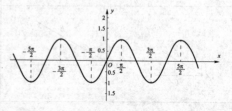

　　正弦的数学符号为 sin，英文名称为 sine，sine 是英语对于拉丁语 sinus 的转写．sinus 本意为"弯曲"，衍生出英语中的"弯弯曲曲的"sinuous(full of curves)、"拐弯抹角"insinuate(to wind)等词汇．从这个概念看来，正弦线应该指那些弯弯曲曲的、波状起伏的线条．如此说来，最初的命名者应该是鉴于正弦线是弯曲的，所以给它取名为 sinus．

　　阅读材料二　正弦表(部分)

0.0[0.000 0]	1.5[0.026 2]	2.9[0.050 6]	4.3[0.075 0]	5.7[0.099 3]
0.1[0.001 7]	1.6[0.027 9]	3.0[0.052 3]	4.4[0.076 7]	5.8[0.101 1]
0.2[0.003 5]	1.7[0.029 7]	3.1[0.054 1]	4.5[0.078 5]	5.9[0.102 8]
0.3[0.005 2]	1.8[0.031 4]	3.2[0.055 8]	4.6[0.080 2]	6.0[0.104 5]
0.4[0.007 0]	1.9[0.033 2]	3.3[0.057 6]	4.7[0.081 9]	6.1[0.106 3]
0.5[0.008 7]	2.0[0.034 9]	3.4[0.059 3]	4.8[0.083 7]	6.2[0.108 0]

续表

0.6[0.010 5]	2.1[0.036 6]	3.5[0.061 0]	4.9[0.085 4]	6.3[0.109 7]
0.7[0.012 2]	2.2[0.038 4]	3.6[0.062 8]	5.0[0.087 2]	6.4[0.109 7]
0.8[0.014 0]	2.3[0.040 1]	3.7[0.064 5]	5.1[0.088 9]	6.5[0.113 2]
0.9[0.015 7]	2.4[0.041 9]	3.8[0.066 3]	5.2[0.092 4]	6.6[0.114 9]
1.0[0.017 5]	2.5[0.043 6]	3.9[0.068 0]	5.3[0.094 1]	6.7[0.116 7]
1.1[0.019 2]	2.6[0.045 4]	4.0[0.069 8]	5.4[0.094 1]	6.8[0.118 4]
1.2[0.020 9]	2.7[0.047 1]	4.1[0.071 5]	5.5[0.095 8]	6.9[0.120 1]
1.3[0.022 7]	2.8[0.048 8]	4.2[0.073 2]	5.6[0.097 6]	7.0[0.121 9]

✲ 案例分析

　　新课标指出"在数学教学活动中，教师要把基本理念转化为自己的教学行为，处理好教师讲授与学生自主学习的关系，注重启发学生积极思考；发扬教学民主，当好学生数学活动的组织者、引导者、合作者；激发学生的学习潜能，鼓励学生大胆创新与实践；创造性地使用教材，积极开发、利用各种教学资源，为学生提供丰富多彩的学习素材."在获得正弦概念之后，由于正弦函数不同于以往所学习的初等函数的表达形式，因此教师主动创新，借助于阅读材料一，帮助学生了解符号的来历，明确知识的来龙去脉，帮助学生解决思维障碍，及时解决活动中的生成性问题.

四、能力训练

（一）操作要点

（1）明确教学内容和要求，明确所学数学知识的特性.

（2）分析学情，了解学生的具体情况.

（3）了解同位交流、小组合作、全班讨论等教学组织方式以及如何有效开展.

（4）明确小组活动，恰当的分组、有效的分工以及控制时间，能够给学生提供一个生动活泼的、主动的和富有个性的过程.

（5）教学组织活动中，注重调动每个学生参与活动的积极性，让学生有足够的时间和空间经历观察、实验、猜测、计算、推理、验证等活动过程，注重学生的自主学习.

（6）关注教学活动中出现的问题，发挥教师的主导作用，提高教学活动的针对性和有效性，鼓励学生积极参与教学活动，启发学生思考，增强学生学好数学的信心.

（二）训练方法

1. 自我技能训练

(1)研究数学教材，学习相关分析材料，明确教学内容和基本要求.

(2)了解新课改理念对教学
组织方式的新要求.

(3)学习同位交流、小组合作、全班讨论等教学组织方式的基本要求，结合自己的具体教学内容开展相关教学组织活动训练，提升自己的数学教学实践能力，在实践中落实《标准》的基本要求.

2. 集中培训　互助提高

例如，组织学校教研组培训，可以开展以下活动：

(1)研读标准，集体学习，明确要求.

(2)选定教师，课堂实践，关注方式.

(3)对照指标，自我反思，小组评价.

(4)集体反思，结合要素，再次训练.

3. 对照标准　自我测评

结合具体案例，对照标准，开展自我测评.

（三）训练活动

活动1：观看录像　点评交流

(1)观看优质录像课. 注意观察讲课教师的教学组织方式等的情况，并注意教师教学组织方式对学生参与课堂的积极性及学习效果的影响.

(2)结合操作要点，个人独立对录像进行分析.

(3)以小组为单位，结合录像，对照《标准》中的"要素"开展自我分析，小组交流.

(4)组织各小组进行汇报，并归纳概括对"教学组织方式"的认识.

例如，在"线段中点总复习"中，参照《标准》，看看教师是如何根据需要和具体情景使教学组织方式有效的.

(1)课前预习活动：

①找出学过的与线段中点相应的典型题目.

②汇总利用线段中点可以解决的问题，画出以线段中点知识为核心的知识结构图和思维导图.

(2)预习展示、交流学习活动：

1)展示学过的与线段中点相应的典型题目，从以下几方面分析：

①题中有哪些中点？

②怎么使用中点？

③它与哪些知识相结合？

2)展示以线段中点知识为核心的知识结构图和思维导图(见图7-5).

(3)完善知识网络活动：

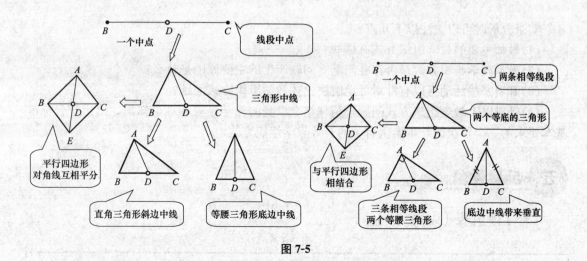

图 7-5

(4)例题教学活动:

例,已知:如图 7-6 所示,在△ABC 中,AM 是∠A 内任意一条射线,BE⊥AM 于点 E,D 为 BC 的中点,连接 DE、DF. 求证:DE=DF.

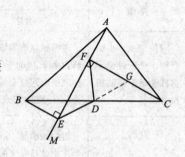

图 7-6

分析:中点带来了什么?怎么使用中点?

(5)归纳总结活动:

通过我们这节课的复习:

①你对中点有哪些新的认识?

②在解决与线段中点有关的问题时,你有哪些解决问题的方法?

③对于图形的构造,你有哪些收获?

课前预习活动,借助于归纳典型题目和思维导图,提升学生的归纳、反思能力. 这样的学习是主动的、富有个性的学习,可以满足学生个性化的学习需求. 教师设计的课堂交流环节(包括预习展示、交流学习活动),能够促进数学学习过程的开放、生动和多样,有利于学生创新意识的培养.

活动 2:自我展示落实提升

(1)选定教学内容,依据《标准》,进行教学组织方式的专题设计.

(2)在培训班上自我展示.

(3)以小组为单位,结合《标准》中的"要素"和操作要点,组员间开展对设计的评价,指明优缺点.

(4)根据小组成员的评价,设计者自我反思,再次设计,落实提升.

活动 3:任务驱动 实践提高

教师可以先用录像机录下自己的上课片段,然后认真分析自己的教学组织方式是否有效,从而发现不足,找出解决办法.

实录分析时可以关注以下几点：

(1)教师主要的教学组织方式有哪些？

(2)教师教学组织方式是否存在问题？问题产生的主要原因是什么？

(3)开展哪些活动可以有针对性地解决上述教学组织方式问题？

(4)针对以上教学组织方式问题，请你结合自身的教学经验和理论知识，给出符合标准基本要求的三个层次的与本案例有关的有效教学组织方式.

五、反思评价

（一）评价表（见表7-3）

表7-3

要素	评价指标			权重
	合格	良好	优秀	
同位交流、小组合作、全班讨论等多样性教学活动组织方式	能够根据所学数学知识特点和具体的学习基础，恰当组织同位交流、小组合作、全班讨论等活动	能够根据学习需要和特定学情，组织同位交流、小组合作、全班讨论等活动	组织同位交流、小组合作、全班讨论等活动	0.4
恰当分组、有效分工、控制时间	组织活动时，既能关注学生个体特点又能根据具体数学学习内容，恰当分组、有效分工、控制时间，使活动不流于形式，具有数学学科特色	组织活动时，能够关注学生个体特点，恰当分组、有效分工、控制时间，师生互动、共同发展	组织活动时，能够恰当分组、有效分工、控制时间	0.3
调动每个学生参与活动的积极性，对活动过程中出现的问题进行恰当处理	注重启发学生积极思考，鼓励学生大胆创新与实践，帮助学生形成认真勤奋、独立思考、合作交流、反思质疑等良好的学习习惯，以及勇于解决问题的能力	既面向全体学生，又关注学生的个体差异，调动每个学生参与活动的积极性，对活动过程中出现的问题进行恰当处理	调动每个学生参与活动的积极性，对活动过程中出现的问题进行恰当处理	0.3

（二）考核试题

1. 案例设计

(1)以"二次函数"教学为例，依据《标准》对合格教师的要求进行教学组织方式有效的设计，说明具体体现的环节和教学组织方式.

(2)以"概率"教学为例，依据《标准》对良好教师的要求进行教学组织方式有效的设计，说明具体体现的环节和教学组织方式.

(3)以"正方形"的概念教学为例，依据《标准》对优秀教师的要求进行教学组织方式有效的设计，说明具体体现的环节和教学组织方式.

2. 检测方式如表 7-4 所示

表 7-4

序号	考核要素		考核方式
1	同位交流、小组合作、全班讨论等多样性教学活动组织方式	明确新课改对教学组织方式的要求，处理好教师讲授与学生自主学习的关系	口试、笔试
		明确具体的学习需要和特定学情	
		能够根据需要有效组织同位交流、小组合作、全班讨论等多样性教学组织活动	
2	恰当分组、有效分工、控制时间	组织活动时，能够恰当分组、有效分工、控制时间	口试、笔试
		既能够关注学生个体特点又能够根据具体数学学习内容，恰当分组、有效分工、控制时间，使活动不流于形式，具有数学学科特色	
3	调动每个学生参与活动的积极性，对活动过程中出现的问题进行恰当处理	调动每个学生参与活动的积极性	口试、笔试
		对活动过程中出现的问题进行恰当处理	
		注重启发学生积极思考，鼓励学生大胆创新与实践，帮助学生形成认真勤奋、独立思考、合作交流、反思质疑等良好的学习习惯	

3. 结合实例 反思提升

(1)通过训练，你在教学组织方式的哪些方面有了提高？请结合教学实例谈一谈自己的学习体会.

(2)阅读"分式的加减"教学活动设计(部分)，并回答下列问题：

①请根据你的经验，指明这位教师在教学活动中所运用的教学组织方式，并结合《标准》对其有效性进行分析.

②请结合你的教学实践，进一步完善本案例的教学活动组织方式，并说明理由和依据.

③通过上述问题的解决和你日常开展的训练，谈谈如何提升教师教学活动的设计能力. 还可以开展哪些针对性训练，以提高教师教学活动组织方式的有效性.

"分式的加减"教学活动设计(部分)如下.

活动1：情境引入

请列式表达下列问题：

(1)2013年"国庆节"假期，x 名学生旅游，预计共需租车费 y 元，后来由于油价上涨，租车费用增加 z 元，每人需多分担租车费_____元.

(2)甲工程队完成一项工作需 n 天，乙工程队要比甲队多用 3 天才能完成这项工作，那么两队共同工作一天完成这项工作的几分之几？_____

问题1：所列式子涉及分式的什么运算？

问题2：能像学习分式乘除运算那样来完成学习分式加减运算吗？怎样做？

问题3：分数如何做加减运算？

在学案上举例说明.

活动2：类比学习 归纳法则

计算：① $\dfrac{2}{7} + \dfrac{3}{7} =$ _____ . ② $\dfrac{5}{6} - \dfrac{1}{6} =$ _____ .

问题1：这些运算分数的分母有什么特点？

问题2：依据分母这个特点，如何做分数加法运算？

问题3：同分母分式的加减法该如何进行？

归纳：同分母分式的加减法法则为 _____ .

用式子表达为 _____ .

……

活动3：主动探究 拓展延伸

计算：① $\dfrac{1}{3} + \dfrac{1}{4} =$ _____ . ② $\dfrac{1}{3} - \dfrac{1}{4} =$ _____ .

问题1：依据该分数的分母特点，如何做分数加法运算？

问题2：由分数到分式，分母有什么变化？都可以有什么类型？

问题3：异分母分式的加减法该如何进行？

归纳：异分母分式的加减法法则为 _____ .

用式子表达为 _____ .

……

总之，从教学方式变革以及对数学学习、数学教学的研究中可以看出，以学生自主活动为主的学习方式的课堂教学已经越来越为数学教育和数学教学所提倡和需要．新课标积极倡导课堂教学要为学生提供充分从事数学活动的机会，帮助学生在自主探索和合作交流的过程中真正理解和掌握基本的数学知识与技能、数学思想和方法，获得广泛的数学活动经验．因此，教学组织方式有效突出体现在教师与学生的共同发展上，在有效的教学组织方式下开展的教学活动既要体现学生的主体地位，也要体现教师的主导作用.

专题八　科学选择评价方法　有效利用评价结果

学习目标

1. 理解《标准》中"科学选择评价方法、有效利用评价结果"的三个等级要求，并能够举例说明其具体含义.

2. 理解"科学选择评价方法、有效利用评价结果"的操作要点，并能够根据操作要点对所给教学案例进行分析.

3. 能够根据教学内容、教学目标等科学地选择评价方法，有效地利用评价结果进行教学深度反思.

品读

希腊的著名哲学家赫拉克利特曾说"万物皆流转""人无法两次都踏入同一条河流"等名言，其中的意义值得我们深思. 他说过："太阳每一天都是新的."中国也有一句意思相同的话："苟日新，日日新，又日新."

随着时代的发展，作为日常教学活动的重要组成——评价的标准也在不断地变化，从单一的考试评价向多元化评价发展. 科学选择评价方法，有效利用评价结果，体现数学课程的基本理念，影响数学核心素养水平的达成.

一、问题的提出

上课的内容："中括号"；时间：上课结束，下课之前.

华老师：同学们，此时此刻，看到站在讲台前的我，你们最好奇的是什么？

在听了学生五花八门的猜测后，华老师进行解释.

华老师：帽子有各种各样的功能，可以宣传，如美女头上的广告帽；也可以提醒，如小学生头上的小黄帽；还可以装饰，如明星头上的帽子……那么我今天到底为什么要戴帽子呢？其实，我为什么要在头上加个帽子与今天这堂课的算式中要"加上"一个中括号有相同的功能，你们觉得奇怪吗？

（脱帽、深深地一鞠躬. 大幅度的鞠躬是为了让更多的学生看到我后脑勺上的白纱布.）

华老师：哈哈，脑袋上加个帽子和算式中加个括号是一样的，都是因为有着某种需要，帽子和括号都有着特别的功能！

（更热烈的掌声在礼堂里响起．）

华老师：同学们再见！

华老师打出了一张妙牌．

(1)在这个案例中，您的感受是什么？

问题：

(2)结合上例和您的教学，谈谈怎样培养学生的学习兴趣，怎样激发学生的学习动机．

问题：

编者的话

　　上例说明把尴尬的事儿变成有趣的资源能够把突发的、不期而遇的、不利的事件转化为难得的、恰到好处的、有用的教学资源．华老师能够发现帽子和括号的联系，培养学生学会用数学的眼光观察世界，用数学的思维分析世界，用数学的语言表达世界．所以，评价应重视激发学生的学习动机，提高数学学习的动机水平和数学核心素养水平．

二、科学选择评价方法、有效利用评价结果的解读

（一）《标准》原文

1. 科学选择评价方法

合格：能够根据教学内容和学生情况选择激励性的评价方法；能够选择不同难度的题目布置作业或练习．

良好：能够通过观察、追问等多种方式进行学生的学习过程评价；能够选择和编制不同难度的题目并设计不同的作业完成方式．

优秀：能够从知识、思维、情感等各个方面系统地评价学生的学习状况；能够确定多元化的评价主体，选择多样性的评价方式．

2. 有效利用评价结果

合格：能够选择恰当的方法及时解决课堂练习和作业中出现的问题；能够针对学生的知识漏洞及时对学生进行个别辅导．

良好：能够根据课堂练习和作业中出现的问题调整教学进度和教学方法；能够根据学生需求为不同的学生提供不同的学业指导．

优秀：能够根据学生的情绪、情感、思维状态及时调整教学进度与策略；能够根据评价结果为学生提供具有挑战性的学习任务．

（二）要点注释

1. 评价的主要目的

评价的主要目的是全面了解学生数学学习的过程和结果，激励学生学习和改进教师教

学．评价应以课程目标和内容标准为依据，体现数学课程的基本理念，全面评价学生在知识技能、数学思考、问题解决和情感态度等方面的表现．

2．学习过程的评价

学生在数学学习过程中，知识技能、数学思考、问题解决和情感态度等方面的表现不是孤立的，这些方面的发展综合体现在数学学习过程之中．在评价学生每一个方面表现的同时，要注重对学生学习过程的整体评价，分析学生在不同阶段的发展变化．

3．评价结果的呈现和利用

评价结果的呈现和利用应有利于增强学生学习数学的自信心，提高学生学习数学的兴趣，使学生养成良好的学习习惯，促进学生的发展．

（三）要素提炼

1．建立合理、科学的评价体系

高中数学课程应建立合理、科学的评价体系，包括评价理念、评价内容、评价形式和评价体制等方面．评价既要关注学生数学学习的结果，也要关注他们数学学习的过程；既要关注学生数学学习的水平，也要关注他们在数学活动中所表现出来的情感态度的变化．在数学教育中，评价应建立多元化的目标，关注学生个性与潜能的发展．例如，过程性评价应关注对学生理解数学概念、数学思想等过程的评价，关注对学生数学地提出、分析、解决问题等过程的评价，以及在过程中表现出来的与人合作的态度、表达与交流的意识和探索的精神．对于数学探究、数学建模等学习活动，要建立相应的过程评价内容和方法．

2．正确评价学生的数学基础知识和基本技能

(1)应关注中学数学学习过程中核心概念学习的评价．

(2)应关注学生能否建立不同知识之间的联系，把握数学知识的结构、体系．

(3)应关注学生能否在理解方法的基础上，针对问题特点进行合理运用．

(4)应关注能否恰当地运用数学语言及自然语言进行表达与交流．

3．重视对学生能力的评价

以数学地提出、分析、解决问题能力的评价为例，应关注：

(1)在数学探索与数学建模活动中，是否具有问题意识，是否善于发现和提出问题．

(2)能否选择有效的方法和手段收集信息、联系相关知识、提出解决问题的思路，建立恰当的数学模型，进而尝试解决问题．

(3)能否对解决问题的方案进行质疑、调整和完善．

(4)能否将解决问题的方案与结果，用书面或口头等形式比较准确地表达并进行交流．

(5)在评价中，要注意肯定学生在数学学习中的发展和进步、特点和优点．

4．注重对学生数学学习过程的评价

能够根据课堂练习和作业中出现的问题调整教学进度和教学方法．

(1)通过建立成长记录等方式，记录和反思学习过程．

(2)主动参与学习活动．

(3)提出问题和分析问题．

(4)独立思考问题．

(5)与他人合作交流．

(6)尝试从不同角度思考问题.

(7)有条理地表述自己的思考过程.

(8)倾听和理解别人的思路.

(9)正确认识数学的价值,产生积极的数学学习态度、动机和兴趣.

(10)关注学生是否肯思考、善于思考、坚持思考并不断地改进思考的方法与过程.

(11)关注学生是否与他人合作探究数学问题.

(12)树立学好数学的自信心以及克服困难的毅力等良好的意志品质.

5. 恰当地呈现和利用评价结果

评价结果的呈现,应该更多地关注学生的进步,关注学生已经掌握了什么,获得了哪些提高,具备了什么能力,还有什么潜能,在哪些方面还存在不足,等等.教师要注意分析全班学生评价结果随时间的变化,从而了解自己教学的成绩和问题,分析、反思教学过程中影响学生能力发展和素质提高的原因,寻求改善教学的对策.同时,以适当的方式,将学生一些积极的变化及时反馈给学生.

6. 对学生作业的评价

科学选择评价方法的合格要求如下:

能够选择不同难度的题目布置作业或练习.

科学选择评价方法的良好要求如下:

能够选择和编制不同难度的题目并设计不同的作业完成方式.

有效利用评价结果的合格要求如下:

能够选择恰当的方法及时解决课堂练习和作业中出现的问题.

有效利用评价结果的良好要求如下:

能够根据课堂练习和作业中出现的问题调整教学进度和教学方法.

(1)数学作业的习惯管理.

(2)作业中错题管理.

(3)作业中错题的订正管理.

三、科学选择评价方法、有效利用评价结果的案例分析

 案例 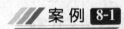 8-1

高中,人教A版选修2—3计数原理一章中的"排列"

(授课教师:人大附中朝阳学校 袁彦巧)

(学生自主编题环节)

生1: 从数学组4位老师中找2位老师去上课,1位上午上课,1位下午上课.

生2:(重新规范语言)也就是从4位老师中选2位老师,1位上午上课,1位下午上课.

师:(表扬).你们的概括能力真好!

师:(追问)共有多少种选法?

生3：共 12 种＝4×3.

师：好！还有哪组有实例？

生4：3 封信投入 2 个信箱.

师：每封信有 2 种投法(暗示这样有重复).

生2：感觉有重复.

生3：3 封信不能投入 2 个信箱.

生5：3 封信选 2 封投入 2 个邮箱，每箱一封！

师：好，不错！请坐！

生6：有 5 个摇球机器，每个机器装有标号 1～7 的 7 个球，每个机器出 1 个球，组成一个 5 位数.

师：这个符合问题 1、2 的模式吗？

众生：不符合，因为(数字)可以重复.

师：(大家)帮忙修改一下.

生7：(思考片刻)从一个机器的 7 个球中选出 5 个球，组成一个 5 位数.

❋ 案例分析

　　这个环节关注学生从多角度理解计数原理，以先选再排的过程去解释，调动学生积极思考，主动参与学习过程."课堂编题"这一开放性环节的设计，有师生互评、生生互评的作用，使同学的思路不断修正、不断完善.在知识方面，达成共识，即问题要设计成"不重"的；在能力方面，举一反三，培养学生分析解决问题的意识；在情感方面，师生互动、生生互动，营造和谐、默契的课堂环境.所以，要重视对学生学习过程的评价，就要关注对学生理解数学概念、数学思想等过程的评价，关注对学生数学地提出、分析、解决问题等过程的评价，以及与人合作的态度、表达与交流的意识的评价.

案例 8-2

高中，高二下学期文科预复习课：三角恒等变换

(授课教师：人大附中朝阳学校 张伟)

师：已知 $\cos\left(\dfrac{\pi}{6}-\alpha\right)=\dfrac{\sqrt{3}}{3}$，如何求 $\cos\left(\dfrac{5\pi}{6}+\alpha\right)$ 的值？

生1：我想把下面那个式子转化成上面式子的形式.

师：怎么转化？

生1：可以转化成 $-\cos\left(\dfrac{\pi}{6}-\alpha\right)$.

师：首先怎么变？

生 1：$\cos\left(\dfrac{5\pi}{6}+\alpha\right)=\cos\left[\pi-\left(\dfrac{\pi}{6}-\alpha\right)\right]$.

师：你为什么这样转化？

生 1：因为这样就可以用上面的值表示.

师：你的意思是不是这两个角的和是定值 π？是才可以进行这样的转化. 那么接下来怎么办？

生 1：通过诱导公式把原式化成 $-\cos\left(\dfrac{\pi}{6}-\alpha\right)$.

师：用诱导公式时，你把哪个角看成诱导公式中的角 α？

生 1：$\dfrac{\pi}{6}-\alpha$.

师：其实你是把 $\dfrac{\pi}{6}-\alpha$ 这个角看成一个整体，当成一个角，记作 A，利用 $\cos(\pi-A)=-\cos A$.

师：其他同学还有没有问题？生 2 你能不能说下生 1 解决问题的关键是什么？

生 2：生 1 发现了所求角和已知角的和为定值 π，这样就可以把所求角用已知角去表示，进而解决问题.

✳ 案例分析

在这个片段中，教师给学生充足的时间去表达，直至说清楚找所求角和已知角之间的关系. 教师尝试改变单一的师生交流方式和评价方式，让学生质疑、提问、点评，把课堂还给学生，积极鼓励和引导学生回答问题，根据学生情绪情感的变化，调整教学进度和策略.

案例 8-3

初中，人教版七年级下学期"9.2 一元一次不等式(1)".

（授课教师：71 中韩治化）

师：同学们来看黑板上雷同学写的过程，在白板上我刚才抓拍了一位同学的作品，大家对比一下这两位同学的作法，他俩的结果一样吗？

生：不一样.

师：有什么异同点？

生：前面相同，后面不相同.

生：结果不同.

师：这位同学写得很快，第一步去分母，然后去括号，合并同类项，系数化为 1，最后结果是 $x>2$，还把解集表示出来了，挺好的吧？

生：系数化为 1 出错了，得变号.

师：噢……是哪一步有问题？

生：系数化为1.

师：(在白板上进行批注)怎么把系数化为1？

生：左右两边同时除以－1.

师：那就变成了 $x<2$. 此时用到了王同学刚才强调的不等式性质3(请王同学再次强调性质3内容)，请李同学一定注意：当不等式左右两边同时乘以或除以一个负数时，不等号的方向要改变！

师：好，我们再看雷同学的过程有没有问题. 第一步，去分母，他完美地写出了去分母的依据是什么，依据是什么呢？

生：不等式性质2.

师：不等号的方向变了吗？

生：没变.

师：(把"去"字圈画作标记)第二步？

生：去括号.

师：用的是乘法的什么性质或规律？

生：分配律.

师：第三步？

生：移项.

师：移项用的是不等式的什么性质或规律？

生：不等式性质1.

师：然后是合并同类项，最后是系数化为1. 系数化为1只能用不等式性质3吗？

生：不一定，如 $2x<4$ 系数化为1时用的是不等式性质2.

师：(重点字作圈画)通过上面的过程知道——我们完全可以类比解一元一次方程的过程，来解出我们的一元一次不等式.

✳ **案例分析**

　　教师通过巡视，发现几位同学在不等式性质3的运用上仍然存在问题，于是通过拍照方式，把典型错误上传至白板，对比展示，引导学生关注重点步骤. 课堂上围绕解方程的流程、解不等式的流程以及解不等式出错的流程三个评价结果来展开对比分析，关注了学生的思维状态并及时调整了教学进程与策略，构建了数学知识之间的联系，提升了学生的认识.

案例 8-4

初中，九年级"圆习题课"

(授课教师：71中马赢)

如图 8-1 所示,⊙O 的直径 AB 为 10 厘米,弦 AC 为 6 厘米,∠ACB 的平分线交⊙O 于点 D,求 BC、AD、BD 的长.

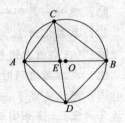

图 8-1

在上课之前,教师批阅学生的课前学习任务单,选定学生的发展点;展示学生提出的问题,请学生解答学生提出的问题.

师: 一些同学又提出了新的问题.比如可不可以求某个角的正弦值?可不可以求角 ABC 的正弦值?

生: 可以!

师: 那口算,是多少?

生: 6 比 10,3 比 5.

师: 教师拿起三角板边画边说:"四边形 ADBC 的周长可不可以?"

生: (齐答)14 加 10 倍根号下 2.

师: 能不能求这个四边形 ADBC 的面积?

生: 49.

师: B 提出一个自己没有解决掉的问题.求线段 CD 的长.现在解决掉了吗,B?(B 摇头)大家看一下,能不能求解?

生: 能!

师: 那好,我们现在就来试一试,求一求线段 CD 的长.

教师在小组内小声追问:你是怎样作的辅助线?(C 回答了做法)

师: 为什么从这个方向做辅助线,而不从别的方向做辅助线?

(C 答:因为这里有两条边已知,有一个角是 45°,因此可以求解.)

(教师再问 D,再次追问同样的问题,D 说:因为这里有一条边(AD)是已知的,有两个角也是已知的,因此可以求解.)

教师小声追问: 你们两位做的辅助线是一样的,但是产生的思路完全不同,你们可以相互交流,一会对你们小组进行提问.

❋ **案例分析**

评价结果的呈现,调动了学生的积极性,鼓励了学生敢于提出自己没有解决的问题.关注学生的学习潜能,为学生提供具有挑战性的学习任务——求线段 CD 的长,以恰当的方式,将学生一些积极的变化及时反馈给学生.

四、科学选择评价方法、有效利用评价结果的训练

(一)操作要点

(1)应努力引导学生产生积极的数学学习态度、动机和兴趣.

(2)应关注学生是否肯思考、善于思考、坚持思考并不断地改进思考的方法与过程.

（3）应关注学生是否愿意和能够与同伴交流数学学习的体会、与他人合作探究数学问题.

（4）应培养学生学好数学的自信心以及克服困难的毅力等良好的意志品质.

（5）应当重视考查学生能否理解并有条理地表达数学内容.

（6）应关注学生能否不断反思自己的数学学习过程，并改进学习方法.

（二）训练方法

（1）听课时填写课堂观察量表（学生），从预习、听讲、课堂互动、自主学习、目标达成五个视角来观察学生的课堂学习.

如：①课前预习了什么？有多少学生做了预习？学优生、学困生都做了什么准备？

②认真听讲学生的比例是多少？能复述教师或学生的话吗？听讲时做笔记了吗？

③小组讨论过程怎样？合作交流得怎样？

④自主学习的时间有多少？自主学习的形式怎样？是否有序？学困生表现得怎样？

⑤有多少学生明确学习目标？怎样从版演、练习、表达、表情中判断目标达成？还有哪些问题？

（2）听课时填写课堂观察量表（教师），包括：

课堂观察量表内容如下.

①教态是否沉稳、自然.

②数学语言的运用是否简洁.

③是否明确了教学目标.

④是否激发了学生的学习兴趣.

⑤是否及时反馈了学生提出的问题.

⑥课堂教学中对经历数学知识学习过程的重视程度.

⑦对学困生的关注程度.

⑧对生成问题的拓展与提升情况.

（三）训练活动

问题1：在案例8-1、8-2这两个高中案例中，结合本章科学选择评价方法的三个层次，谈谈您使用评价方法的体会.

问题2：在案例8-3、8-4这两个初中案例中，两位教师从课前评价结果与课中评价结果的有效利用上进行了尝试，您认为评价结果的有效利用在数学课上还可以怎样展开？

五、科学选择评价方法、有效利用评价结果的考核与反思

（一）科学选择评价方法、有效利用评价结果的能力评价

1. 每位同学参与课堂教学活动的评价量表（见表 8-1）

表 8-1

评价内容	主要表现
参与活动	
思考问题	
与他人合作	
表达与交流	

2. 记录不同学生一节课表现的课堂观察量表（见表 8-2）

表 8-2

项目 ＼ 学生	甲	乙	丙					
课堂参与								
提出或回答问题								
合作与交流								
课堂练习								
知识技能的掌握								
独立思考								
其他								

3. 学期模块教学计划表

学期模块教学计划表包括评价任务名称、类型及在过程评价中的权重等方面的内容，呈现最终的过程性评价结果，形成学生在过程性评价部分的分数，如表 8-3 所示.

表 8-3

教学时间	教学内容	学生作业或任务			评价的基本标准
		名称	类型	权重	

（二）考核试题

测试 1：请您从"有效利用评价结果"标准出发，对两位初中教师的教学案例 8-3 和 8-4 进行分析，设计一份具体的小组讨论过程性评价表（二选一），并说明如何利用评价结果为学生的后续学习提供具有挑战性的学习任务．

测试 2：案例 8-5 的知识为高中人教 A 版教材选修"2-2 导数的概念"．本节课的难点是经历从平均变化率到瞬时变化率的过程，在设计时将难点分解：2 秒附近是个难点，在讲解平均变化率时，已经突破；针对 $\bar{v}=\dfrac{h(2+\Delta t)-h(2)}{\Delta t}$ 表达式的处理，引导学生先化简等式为 $\bar{v}=\dfrac{h(2+\Delta t)-h(2)}{\Delta t}-4.9\Delta t-13.1$，然后再取值．

借助图形计算器，在极短的时间内既可以实现大量重复的计算，又可以观察图像变化的趋势．让学生亲自经历这个研究过程，既提高了学生的学习兴趣，又激发了学生的学习兴趣．根据学生实际情况，可适当增加表格中的取值，因为更多的数值有利于学生发现其中蕴含的规律．

学生填写表格，并作出追踪点的图像．根据表格里的数据和点的走势猜想出规律．

得出结论：Δt 趋于零时，运动员的平均速度趋于一个确定的值 -13.1，即运动员在 $t=2$ 秒时的瞬时速度为 -13.1 米/秒，也就是 $\lim\limits_{\Delta t\to 0}\dfrac{h(2+\Delta t)-h(2)}{\Delta t}=-13.1$．

附录 北京市朝阳区教师教学基本能力检核标准

（试行稿）

2009 年 3 月 30 日

《北京市朝阳区教师教学基本能力检核标准》

维度	关键表现领域	能力要点	合格	良好	优秀
教学设计能力	一、教学背景分析能力	（一）正确理解教材内容	能够分析教材所涉及的基本内容，并梳理出单元知识结构框架	能够准确描述知识的纵向与横向联系，并能够将知识置于某一个知识或能力框架内进行解读	能够深入挖掘本单元知识在学生发展中的教育价值
		（二）实证分析学生情况	能够关注学生的学习基础，并分析出学生在新知识形成过程中可能遇到的困难	能够对学生的学习基础进行调研，并根据调研资料和数据分析出在新知识学习过程中可能遇到的认知困难	能够根据调研资料和数据，对学生在新知识形成过程中可能遇到的认知和情感上的困难进行理性分析
		（三）科学确定教学内容	能够根据课标要求和教材内容，确定教学重点与难点	能够根据课标要求、教材内容和学生的学习基础，确定教学重点与难点	能够根据课标要求、教材内容和学生的学习基础，整合教学内容
	二、教学目标制定能力	（一）清晰确定课时目标	能够依据教学内容和学生情况确定符合课标要求的教学目标	能够依据教材分析和学情分析确定符合课标要求的教学目标	能够依据教材分析和学情分析以及二者之间的密切联系确定符合课标要求的教学目标
		（二）科学表述三维目标	能够正确选择行为动词表述三维目标，逻辑严谨	能够恰当表述具有可操作性的三维目标	能够将三维目标进行有机整合，使其具有可测评性
	三、教学过程设计能力	（一）合理安排教学流程	能够安排符合知识逻辑的教学流程，教学重点突出，对时间安排有预设	能够安排兼顾知识逻辑和学生认知逻辑的教学流程，对时间安排的预设合理	能够安排具有开放性和生成空间的教学流程
		（二）有效设计教学活动	能够围绕教学目标设计教学活动，并能够设计对教学活动完成情况的检测方案	能够围绕教学目标设计具有连贯性的教学活动，并能够有针对性地设计对教学活动完成情况的检测方案	能够设计激发学生思维和情感的教学活动，并能够对课堂可能生成的问题设计预案
		（三）灵活选择教学策略	能够根据教学目标和内容进行板书、提问、媒体演示和评价等教学手段的设计	能够根据教学目标和内容，利用小组合作等学习方式突出教学重点、突破教学难点	能够根据教学目标和内容，设计教学策略并灵活运用各种教学手段

北京市朝阳区教师教学基本能力检核标准

维度	关键表现领域	能力要点	合格	良好	优秀
教学实施能力	一、激发动机能力	（一）营造良好的学习环境	能够营造整洁有序的教学环境，并以稳定的情绪和良好的状态进行教学	能够以稳妥的方式处理课堂中的突发事件	能够将课堂突发事件转化为教育契机
		（二）有效激发学习动机	能够运用教学技能呈现设计的教学活动，并吸引学生的注意力	能够根据课堂情况呈现设计的教学活动，并能够激发学生的学习兴趣	能够灵活根据课堂情况呈现设计的教学活动，有效激发学生持久的学习动机
	二、信息传递能力	（一）教学语言精练生动	教学语言表达清楚，语速、音量适中，并能够用体态语加强信息传递效果	能够正确运用学科术语，教学语言准确、简练	教学语言生动形象，富有感染力
		（二）板书运用熟练巧妙	板书字体端正、大小适中，有较快书写速度	板书设计有整体性，突出重点、难点和知识间的联系，逻辑层次清晰	板书能够使学生有美的感受，并伴随课堂教学进程有生成性
		（三）教学媒体恰当运用	能够根据教学目标和内容选择运用教学媒体	能够根据教学目标和内容合理选择并恰当运用教学媒体	能够根据教学目标和内容合理改进并综合运用教学媒体
	三、提问追问能力	恰当提问有效追问	能够根据教学设计适时进行课堂提问，问题本身和表述能够让学生理解，减少自问自答、是非问答、集体回答等情况	能够根据学生情况选择恰当的对象进行提问，问题经典、有一定层次性，并能够根据学生回答问题的情况进行灵活有效的追问	能够根据课堂上变化的学情及时调整提问内容和方式，重视培养学生的问题意识
	四、多向互动能力	（一）教学组织方式有效	能够根据学习需要和特定学情，组织同位交流、小组合作、全班讨论等活动	组织活动时能够掌握恰当分组、有效分工、控制时间等技能	能够调动每个学生参与活动的积极性，并对活动过程中出现的问题进行恰当处理
		（二）认真倾听及时反应	能够倾听学生的想法，与学生互动；鼓励学生大胆发言，并引导学生认真倾听同学发言	能够在倾听过程中随时与发言者交流自己的理解，促进师生互动，并系统地指导同学倾听	能够把课堂发言的评价权交给全班学生并进行适当指导，有效促进生生间的真正互动

维度	关键表现领域	能力要点	合格	良好	优秀
教学实施能力	五、及时强化能力	（一）强化重点突破难点	能够运用重复、语言变化、板书强化教学重点	能够运用媒体、提问、体态语等多种方式，强化教学重点，突破教学难点	能够选择恰当时机，灵活运用多种手段，进行有效强化
		（二）强化学生积极表现	能够关注学生积极表现，并给予肯定	能够根据学生特点对其积极表现进行鼓励	能够通过对学生个体积极表现的强化，感染全体学生
	六、课堂调控能力	（一）合理调控时间节奏	能够控制课堂时间和教学节奏	能够监控学生的状态，对课堂时间和教学节奏进行调整	能够根据课堂上不可预知的学情，灵活调整教学设计时各环节的时间分配，并对教学内容做出取舍
		（二）准确把握内容走向	能够按照教学设计的思路，控制课堂教学的走向	能够根据教学反馈的信息，对教学内容和进程进行调整	能够准确把握教学设计的思路，灵活处理课堂生成性问题，控制课堂教学的走向
	七、学习指导能力	（一）关注个体分层指导	能够观察各类典型学生的反应，对边缘学生予以特别关注，并能适时对学生进行个别指导	能够了解不同学生的个性特点、学习风格和学习态度，对沉默和边缘的学生进行情感和智力支持	能够通过不同的教学方式照顾不同学生的学习基础、个性特点和学习风格，并能布置有一定层级的学习任务
		（二）指导学法培养思维	能够在教学中渗透学习方法，培养学习习惯	能够根据教学内容指导学生的学习方法和思维方法	能够根据学科特点有效指导学生的学习方法和思维方法，提高学科素养

北京市朝阳区教师教学基本能力检核标准

维度	关键表现领域	能力要点	合 格	良 好	优 秀
教学评价能力	一、学生学业评价能力	（一）掌握学业评价标准	能够结合具体的教学内容解释学业评价标准中各目标动词的含义，并能选择符合评价标准的课堂检测题	能够根据相关的学业评价标准和学生的学习情况编制用于教科书的测试卷	能够根据相应的学业评价标准独立编制学期综合测试卷，有对学生思维和情感变化的观测点和具体的观测方法
		（二）科学选择评价方法	能够根据教学内容和学生情况选择激励性的评价方法；能够选择不同难度的题目布置作业或练习	能够通过观察、追问等多种方式进行学生的学习过程评价；能够选择和编制不同难度的题目并设计不同的作业完成方式	能够从知识、思维、情感等各个方面系统评价学生的学习状况；能够确定多元化的评价主体和选择多样性的评价方式
		（三）有效利用评价结果	能够选择恰当的方法，及时解决课堂练习和作业中出现的问题；能够针对学生的知识漏洞及时对学生进行个别辅导	能够根据课堂练习和作业中出现的问题调整教学进度和教学方法；能够根据学生需求为不同学生提供不同的学业指导	能够根据学生的情绪、情感、思维状态及时调整教学进度与策略；能够根据评价结果为学生提供具有挑战性的学习任务
	二、教学效果评价能力	（一）掌握教学评价标准	能够了解课堂评价标准的具体内容，并能结合实例进行解释	能够确定教科书呈现的自然单元教学效果评价标准	能够确定学生某种能力发展单元的教学效果评价标准
		（二）科学运用评价方式	能够有理有据地对自己或他人的教学进行评价	能够分析教师行为与学生表现之间的因果关系	能够实现评价主体的多元化和评价方式的多样性，找出导致教学成功与失败的根本原因
		（三）反思评价改进教学	能够积累反思材料，并根据自己的反思和他人的评价改进教学	能够将自己的评价意见与他人进行有效交流，并对他人提出教学改进建议	能够对分析结果进行理论提升，并对教学提出系统的改进方案

备注：良好层次的要求包含合格层次的要求；优秀层次的要求包含良好层次的要求

参 考 文 献

[1] 张奠宙. 数学教育研究导引[M]. 南京：江苏教育出版社，1998.

[2] 李文林. 数学史概论[M]. 北京：高等教育出版社，2004.

[3] 曹才翰，章建跃. 数学教育心理学[M]. 北京：北京师范大学出版社，1999.

[4] 魏烁. 探究什么与怎样探究[J]. 数学通报，2015(3).

[5] 魏烁. 是合理延伸还是原地踏步[J]. 中小学数学，2016：1-2.

[6] 义务教育数学课程标准修订组. 义务教育数学课程标准解读[M]. 北京：北京师范大学
出版社，2012.

[7] 教育部基础教育课程教材专家工作委员会. 义务教育数学课程标准解读[M]. 北京：北
京师范大学出版社，2012.

[8] 罗新兵，罗增儒. 专家报告：特色、创新与教学智慧[J]. 中学数学教学参考，2015：6-7.

[9] 郭成. 课堂教学设计[M]. 北京：人民教育出版社，2006.

[10] 中华人民共和国教育部. 义务教育数学课程标准[S]. 北京：北京师范大学出版社，2012.

[11] 中华人民共和国教育部. 高中数学课程标准(实验)[S]. 北京：人民教育出版社，2003.

[12] 王宝珊. 朝阳区教师教学基本能力检核标准解读[M]. 北京：北京出版社，2010.

[13] [美]加里·D·鲍里奇. 有效教学方法[M]. 第七版. 南京：江苏凤凰教育出版社，2014.

[14] 李殿淑. 如何营造良好的课堂心理环境[J]. 中小学心理健康教育，2008(2).

[15] [美]加里·G·比特，简·M·莱格西. 课堂中的技术应用[M]. 北京：人民大学出版
社，2011.

[16] 郭璋. TI图形计算器与中学数学教学——初中部分：动态平面几何[M]. 北京：人民
教育出版社，2001.

[17] 陈晶. 如何进行数学教学媒体的选择与应用[J]. 职教探索，2013(352).

[18] 张鹤. 分享数学智慧的人[M]. 北京：中国大百科全书出版社，2012.

[19] 余文森. 有效教学十讲[M]. 上海：华东师范大学出版社，2009.

[20] 李政涛. 教育常识[M]. 上海：华东师范大学出版社，2012.

[21] 董服相. 老师要学会倾听. 现代教育科学[J]. 小学教师，2015(5)：51.

[22] 李如密，宋立华. 课堂教学倾听艺术微探[J]. 课程·教材·教法，2009(11)：30-34.

[23] 郑金洲. 教学方法应用指导[M]. 上海：华东大学出版社，2006.

[24] 高天明. 20世纪我国中小学教学方法变革[M]. 广州：广东教育出版社，2006.

[25] 孔企平. 数学教学过程中的学生参与[M]. 上海：华东师范大学出版社，2003.

[26] 崔允漷. 有效教学[M]. 上海：华东师范大学出版社，2009.

编 后 记

《教师教学基本能力解读与训练续篇（中学数学）》一书距离 2012 年出版第一本培训教材，已经过去整整 5 年了．我们围绕《标准》中的八个能力要点，结合朝阳区现阶段教师教学基本能力现状和专业发展需求，再次推出基于中学数学教师教学能力的培训教材，这既是一个工作的延续，也是一种精神的追求和价值的坚守。

一、 本书特点

本教材是写给中学数学教师看的，作者都是一线初、高中数学学科的骨干教师，他们中绝大多数都参与了上一本教材的编写工作．本教材作为促进中学数学教师专业发展的培训教材，具有以下三个特点：

1. 关注教师教学能力现状

本教材针对区域教师教学基本能力现状，根据中学数学学科特点，依托《标准》，基于原有编写基础，另外遴选了教师需要提升的八个能力要点．因此，可以说整个教材的编写过程实际上就是对《标准》的学习研究、教学案例的集中研讨交流和深化理解的过程．期间，我们特别关注在"互联网＋"及核心素养时代背景下的教学教学能力现状，并据此编写案例，完善本书.

2. 关注中学数学学科特点

在本教材编写过程中，我们十分注重理论与实践的结合，通过精心选用或编写具有学科特点的典型案例来揭示各个能力点的关键要素．事实上，编写这样的具有典型性和学科支撑力的教学案例是非常困难的，是对编者理论素养和实践经验的双重考验．因此，我们也特别希望各位同人在反思自身教学经验的基础上阅读本书，这样您将会获得更多的感悟。

3. 关注教学能力提升训练

本教材的编写过程也是将《标准》学科化的过程，如何将每一个能力点中的技能要素分解出来，变成学科化、可操作、能训练、易检测的技能训练点是我们研讨中花费工夫最多的．所以，我们也希望一线教师可以根据本教材，结合自身教学实际开发更多的训练方式，使训练方法更具针对性与实效性.

二、 预期效果

作为提升教师教学基本能力的培训书，编写过程并不是其全部意义，其意义还应该包括将本书变成培训课程、教学设计、培训实施的全过程．因此，培训过程中的使用环节是检验教材质量的重要一环.

在培训中，我们将努力促进教师进一步明确教学基本能力的内涵及其在中学数学学科教学实践中的具体要求,通过阅读、感受和领悟典型教学案例,对能力要点的学科化操作有更为切实的认识;同时,通过内化为具体的实践操作路径和方法,提升教师对于数学学科知识的理解能力、对教学内容内在教育价值的挖掘能力、对学生数学学习过程的研究意识,有效激发教师自我深层反观、理性梳理、不断琢磨和改进自身教学问题的主动意识和行动能力.

三、 教材结构与编写体例

本教材分为八个专题,每个专题五个部分,每一部分设置不同栏目,力求体现本教材的学科特色,促进教师清晰地认识自身教学能力,并通过有效训练提高中学数学学科的教学能力.

第一部分:热身活动.即通过活动体验、案例讨论促进教师反思自身教学现状,检讨自己在本能力要点中所存在的问题,并找出问题背后的原因.

第二部分:标准解读.本部分主要对《标准》进行解读,即对合格、良好和优秀三个层级表述中的关键词进行学科化、案例式的解读.

第三部分:案例分析.本部分集中通过正面的(也可以是反面的)、典型的案例及其深刻的分析,使教师进一步理解自身在本能力要点上所存在的问题,找准差距.

第四部分:能力训练.本部分通过试一试、做一做、训练与反思等栏目,使教师明确如何通过各种层次的训练来主动提高自己的教学能力.

第五部分:反思评价.通过对本部分中的具体问题的思考与解答,教师明确了本能力要点的主要考核方式。

四、 编写团队与专家团队

1. 编写人员及分工

专题名称	编　者
专题一　科学确定教学内容	魏　烁　曹自由
专题二　有效设计教学活动	曹建霞　蒋晓东
专题三　营造良好的学习环境	袁芝馨　田一鹏
专题四　恰当运用教学媒体	尚爱军　蒋晓东
专题五　关注个体　分层指导	李　阳　曹自由
专题六　认真倾听　及时反应	张　辉　张　东
专题七　教学组织方式有效	谢　慧　万书河
专题八　科学选择评价方法　有效利用评价结果	刘　力　白雪峰

2. 专家评审团队

为了保证本教材的编写质量,我们特地聘请北京师范大学教授朱文芳、首都师范大学教授姚芳、北京教育学院副教授伍春兰作为教材编写顾问和评审专家. 在此,我们对参与本书编写的所有教师以及对本教材的编写提供智力支持的学科专家们表示诚挚的谢意!

3. 试用改进团队

为了保证本教材的针对性和实效性，我们于 2016 年 2 月到 7 月，在朝阳区骨干研修班中试讲了本教材．期间还要邀请了北京市特级教师吴江媛教师、王文英教师进行审阅，在学习实践和反思改进的过程中，我们对本教材的体例、案例等进行了修改，骨干班的学员也发挥了骨干教师的作用，提出了问题和建议．在此对骨干班的学员们和案例的提供者一并表示衷心的感谢．

由于我们水平有限，编写时间紧张，书中难免存在着许多疏漏之处，衷心地感谢阅读本教材的广大教师，欢迎对本教材中存在的问题提出宝贵的意见和建议．

主编　白雪峰